高职高专“十二五”规划精品教材

物流案例与习题集

WULIU ANLI YU XITIJI

主编　胡建波

西南财经大学出版社

图书在版编目(CIP)数据

物流案例与习题集/胡建波主编．—成都:西南财经大学出版社,2011.7

ISBN 978－7－5504－0223－2

Ⅰ.①物…　Ⅱ.①胡…　Ⅲ.①物流—教学参考资料
Ⅳ.①F252

中国版本图书馆 CIP 数据核字(2011)第046862号

物流案例与习题集

主编:胡建波

责任编辑:李　雪
助理编辑:王林一
封面设计:杨红鹰
责任印制:封俊川

出版发行	西南财经大学出版社(四川省成都市光华村街55号)
网　　址	http://www.bookcj.com
电子邮件	bookcj@foxmail.com
邮政编码	610074
电　　话	028－87353785　87352368
印　　刷	四川森林印务有限责任公司
成品尺寸	148mm×210mm
印　　张	5.375
字　　数	145千字
版　　次	2011年7月第1版
印　　次	2011年7月第1次印刷
印　　数	1—3000册
书　　号	ISBN 978－7－5504－0223－2
定　　价	12.80元

前言

本书是西南财经大学出版社高职高专系列规划教材《物流基础》（第二版）的配套用书。本书由四川交通职业技术学院（国家示范高职院校）经济管理系胡建波副教授担任主编，四川交通职业技术学院王煜洲博士、四川商务职业学院李永春硕士、成都航空职业技术学院（国家示范高职院校）付涛硕士、四川城市职业学院张戈博士参加编写。全书共分十四个单元，包括物流概述、现代包装与集装单元化技术、储存保管、运输与配送、装卸搬运、流通加工、物流信息、物流系统、企业物流、第三方物流、物流组织与管理（包括物流组织机构、物流服务管理、物流质量管理、库存管理、物流成本管理、物流标准化）、物流中心与物流园区、国际物流、供应链管理。本书的习题全部精选于近年来“物流师”等国家职业资格认证考试题，题型包括判断正误、单项选择、多项选择、计算、案例分析等，题型多样且灵活，着重培养学生分析问题、解决问题的能力。为方便学生学习，我们为每个案例精心设计了多个引导问题，并对重要的案例进行了评析。同时，为方便学生自测，客观题部分还给出了参考答案。本书也可供使用其他同类教材（包括其他版本的《物流基础》、《现代物流概论》、

《物流管理》等）的院校选用。

因时间仓促，加之编者水平所限，书中错误或不妥之处难免，恳请使用本书的广大师生提出宝贵意见，以便再版完善。

编者

2011 年 1 月

目 录

第一单元 物流概述

学习目标

通过本单元的学习，应达到以下目标：

1. 理解物流的概念和内涵，树立现代物流观念；
2. 掌握物流的基本功能和价值；
3. 了解物流的作用与分类；
4. 了解物流的起源、产生和发展。

思考与练习题

一、判断正误

1. 以Logistics取代P. D，成为物流科学的代名词，这是物流科学走向成熟的标志。（　）

2. 生产决定流通，生产方式的性质决定流通的性质，同时，流通是生产的物质基础。（　）

3. 按照物流系统性质，可将其划分为供应物流、生产物流、销售物流、回收物流和废弃物流。（　）

4. 物流是流通的物质基础，没有物流，就没有流通。（　）

5. 物流被称为“第三利润源泉”是表明只要重视和发展物流业就能提高效益，产生利润。（　　）

6. 企业的第三利润是通过企业物流合理化来取得的。（　　）

7. 流通的状况制约着生产的规模、范围和发展速度，同时，流通对生产也有反作用。（　　）

8. 系统性是物流科学最基本的特性。（　　）

9. 生产决定流通，生产是流通的物质基础；反之，流通也决定生产，没有流通，生产也无法进行。（　　）

10. 生产企业的物流状况对企业生产环境和生产秩序起着决定性的影响。（　　）

二、单项选择

1. 物流业是一种（　　）行业。

A. 生产性　　B. 生活性

C. 服务性　　D. 消费性

2. 用（　　）观点来研究物流活动是现代物流科学的核心问题。

A. 静态　　B. 动态

C. 系统　　D. 全面

3. 向社会提供运输、储存、装卸搬运、流通加工、包装以及物流信息等服务的能力称为（　　）。

A. 物流需求　　B. 物流链

C. 物流供给　　D. 物流量

4. 生产企业出售商品时，物品在供方与需方之间的实体流动称为（　　）。

A. 采购物流　　B. 企业内物流

C. 销售物流　　D. 退货物流

5.（　　）的标志是：它是伴随商业活动发生的，也就是说物流过程和所有权的更迭是相关的。

A. 企业物流　　B. 行业物流

C. 社会物流　　　　　　　D. 国际物流

三、多项选择

1. 可以从物流系统的作用、属性及作用的空间范围等角度对物流进行分类。若按照物流系统的性质，可将其划分为（　　）。

A. 销售物流　　　　　　B. 国内物流
C. 社会物流　　　　　　D. 行业物流
E. 企业物流

2. 按照物流系统的作用，可将其划分为（　　）等几种。

A. 供应物流　　　　　　B. 生产物流
C. 销售物流　　　　　　D. 逆向物流
E. 回收物流

3. 流通包含商流、物流、资金流和信息流等多种流。可以认为其中的信息流从属于（　　）。

A. 资金流　　　　　　　B. 物流
C. 商流　　　　　　　　D. 管理流
E. 信息流

4. 除了时间价值、场所价值和系统功能价值外，物流的价值还包括（　　）。

A. 利润价值　　　　　　B. 环境价值
C. 产业价值　　　　　　D. 服务价值
E. 形质价值

5. 物流活动是物流诸功能的实施与管理过程，一般包括运输、仓储以及（　　）等内容。

A. 包装　　　　　　　　B. 装卸搬运
C. 配送　　　　　　　　D. 流通加工
E. 物流信息处理

四、简答（述）

1. 物流是怎样产生和发展起来的？

2．什么是物流？我国国家标准对物流的定义与美国物流管理协会的定义有何不同？你是怎样理解这种差异的？

3．现代物流的科学内涵是什么？

4．现代物流有哪些作用？

5．物流与流通之间有何关系？

6．物流有哪些分类方法？

7．什么是第一利润源泉？什么是第二利润源泉？什么是第三利润源泉？为什么人们把目光投向了第三利润源泉？

8．现代物流具有哪些价值？

9．现代物流有哪些基本功能要素？

10．现代物流具有哪些主要特点？

11．简述现代物流的发展趋势。

五、综合分析

废旧电池的回收物流

废旧电池经过长期机械磨损和腐蚀，使其内部的重金属和酸碱等泄漏出来，进入土壤或水源，就会通过各种途径进入人的食物链，危害人类的健康。我国电池产量约占全世界电池产量的1/2强，近年我国电池出口贸易快速增长，已成为全球关注的重点行业。

欧盟在2006年5月通过一项指令，要求从2008年开始，强制回收废旧电池，回收费用由生产厂家负担。

欧盟该指令要求：从2009年开始，所有在欧盟境内销售的电池都必须标明具体使用寿命；2012年之前，欧盟境内1/4的废电池必须回收；到2016年，这一比例应达到45%。这项指令目前已获欧盟理事会与欧盟议会批准，即将成为欧盟法律。

我国作为世界电池制造和出口大国，欧盟的该项法令对我国电池制造业的回收问题提出了严峻考验。

问题：请为我国旧电池回收找出问题症结所在，并提出可行性解决方案。

六、案例分析

月山啤酒集团的物流管理改革

月山啤酒集团在几年前就借鉴国内外物流公司的先进经验，结合自身的优势，制定了物流管理改革方案。首先，公司成立了仓储调度中心，对全国市场区域的仓储活动进行重新规划，对产品的仓储、转库实行统一管理和控制。由提供单一的仓储服务，到对产成品的市场区域分布、流通时间等进行全面的调整、平衡和控制，使仓储调度成为销售过程中降低成本、增加效益的重要一环。其次，以原运输公司为基础，月山啤酒集团注册成立了具有独立法人资格的物流有限公司，引进现代物流理念和技术，并完全按照市场机制运作。作为提供运输服务的“卖方”，物流公司能够确保按规定要求，以最短的时间、最少的投入和最经济的运送方式，将产品送至目的地。第三，筹建了月山啤酒集团技术中心。月山啤酒集团应用建立在 Internet 信息传输基础上的 ERP 系统，筹建了月山啤酒集团技术中心，将物流、信息流、资金流全面统一在计算机网络的智能化管理之下，建立起各分公司与总公司之间的快速信息通道，及时掌握各地最新的市场库存、货物和资金流动情况，为制定市场策略提供准确的依据，并且简化了业务运行程序，提高了销售系统的工作效率，增强了企业的应变能力。

通过这一系列的改革，月山啤酒集团获得了很大的直接和间接经济效益。首先是集团的仓库面积由 7 万多平方米减少到不足 3 万平方米，产成品平均库存量由 12 000 吨下降到 6000 吨。其次，整个产品物流实现了环环相扣，销售部门根据各地销售网络的要货计划和市场预测，制订销售计划，仓储部门根据销售计划和库存及时向生产企业传递要货信息；生产厂商有针对性地组织生产，物流公司则及时地调度运力，确保交货质量和交货期。最后，销售代理商在有了稳定的货源供应后，可以从人、财、物等方面进一步降低销售成本，增加效益。经过一年多的运作，月山啤酒的物流管理改革取得了阶段性成果。实践证明，现代物流管理体系的建立，使月山集团的整体营销水平和市场竞争能力大大提高。

根据案例提供的信息，请回答以下问题：

1. 月山啤酒集团的物流管理改革包括哪几方面的内容？取得了哪些成效？

2. 月山啤酒集团为什么要进行物流管理改革？

3. 月山啤酒集团的物流管理改革主要是针对企业物流的哪个领域进行的？

4. 怎样理解“仓储调度成为销售过程中降低成本、增加效益的重要一环”这句话？

5. 月山啤酒集团成立的物流有限公司属于哪种类型的物流企业？

6. ERP 系统对月山啤酒集团的物流运营管理起到了什么作用？

资料链接

中国香港地区成为全球市场物流枢纽的八大优势

中国香港地区是一个国际大都会，是国际金融中心、贸易中心、服务中心。香港回归祖国以来，进一步强化了这一地位。

香港之所以被誉为“东方之珠”，其中一个重要原因是物流业的发展。而香港物流业的平稳发展完全得益于以下八个方面：

一、拥有世界级的基建设施和懂两文三语的 IT 专才

香港拥有世界级的基建设施，又与制造业发达的珠江三角洲联系紧密，所以香港物流业的发展潜力无限。而香港的 IT 专才，除了懂两文三语（两文即中文、英文；三语即普通话、英语、粤语）外，还熟悉内地的经营环境，有良好的法制意识。

二、拥有地理优势且税率低

地理优势方面，香港在北上和南下上所花的时间较其他地

区短，且大部分工厂北移，所空置出来的商厦增加，其租金成本与新加坡相当。其次，中国香港地区主管的住宅租金与上海地区及新加坡相比也不会过于昂贵。另外，香港无需征收消费税，加上税率低，大部分设备成本比邻区低10%～25%。

三、通信网运营成本相当低

无论是长途电话，还是专用电信网络，香港的通信网运营成本都很低。香港为亚太地区重要的商贸中心，拥有强健的金融构架及完善的司法制度，资金可以自由进出，有逾900个国际企业在香港设立总部。因此，香港有优势成为亚太地区的供应链管理枢纽。

四、政府强有力的支持是自由港发展的前提

在当今竞争日益激烈的经济环境中，政府有必要制定统一的物流政策，使物流业朝高科技、系统完善以及效率高的方向发展，从而控制成本并提升竞争力。为此，特区政府专门成立了促进物流业发展的“物流发展局”，并根据物流发展局的意见，把发展“数码贸易运输网络”这个电子资讯平台的建设纳入研究课题。为了提高香港作为亚洲运输及物流枢纽的地位，特区政府还在北大屿山选址发展现代化物流园区，同时，加大资讯和基础设施建设。

五、拥有完善的海陆空运输设施、配套设备及全球最繁忙的集装箱码头

香港拥有全世界最繁忙的集装箱码头。在海运方面，约80家国际集装箱航运公司每星期提供400条航线，开往全球500多个目的港。

在空运方面，66家国际航空公司每星期提供约3800班定期航机由香港飞往全球130多个目的地。现在，香港国际机场采用最先进的设备和双跑道设计，以满足日益繁重的航空运输的需要。

在港口方面，9号码头第一期将投入服务，工程完工后，该码头将拥有4个深水及2个驳船泊位，容量将不少于260万个标准箱。而且也开始了10号码头的可行性研究。

在陆路建设方面，香港特区政府正加紧进行公路建设，以

便连接机场和各港口到港内各区。

此外，特区政府还积极兴建后海湾通往深圳及蛇口的跨海大桥、连接青衣岛至长沙湾工业区的9号干线等。

六、拥有完善的软件体系

香港在软件配套方面，拥有相对完善、为外国商家所信任的法律体制，具备优质的国际金融和保险服务；而港务、运输等行业也提供了极具专业精神的24小时制的各式客户服务。

香港的各类配套设施、物流服务、集装箱码头的服务效率及素质，均属国际水准。

在软环境方面，与物流有关的资讯科技、网站，甚至物流与供应链管理软件设计公司，都有不同程度的参与。

七、重视物流人才

为适应物流业的快速发展，提高物流专业人才的素质，香港物流专业协会正积极引进国际认可的物流从业人员专业资格评审机制。还为进修物流课程的在职人士提供资助，以便提升香港物流业的整体技术水平，以满足物流业日新月异的发展需要。

八、区位优势是香港成为内地最大贸易伙伴的必然条件

包括港澳在内的珠江三角洲地区，目前已成为举世瞩目的强大制造中心，并正在向服务业、高增值行业转型，力求成为区内的物流枢纽，为内地以及整个东南亚地区提供服务。

香港是内地最大的贸易伙伴，内地也是香港转口货物的最大市场兼主要来源地，香港约有90%的转口货物来自内地或以内地为目的地。

目前，部分物流企业已经在内地以合资的形式成立公司，还有超过10万家香港公司在内地采购。凭着香港拥有的一流运输设施和交通网络、全球首屈一指的航空货运中心地位，加上珠江三角洲的强大生产能力，两地结伴合作可以使其发展成为连接内地与世界市场的物流枢纽。

思考：

1. 香港为什么能成为亚太地区乃至全球的物流中心？
2. 香港物流业发展的哪些方面值得内地借鉴？

第二单元 现代包装与集装单元化技术

学习目标

通过本单元的学习，应达到以下目标：

1. 掌握包装的概念和功能，了解包装的分类；
2. 能识别基本的包装标志；
3. 掌握包装合理化的途径；
4. 熟悉常见的现代包装技术；
5. 了解商品集装化的概念，掌握集装箱、托盘的特点。

思考与练习题

一、判断正误

1．产品的包装既是生产物流的起点，同时也是社会物流的终点。（　　）

2．产品包装，尤其是产品的商业包装在销售物流过程中将起到便于保护、便于仓储、便于运输、便于装卸搬运的作用。（　　）

3．单个包装也称小包装，这种包装一般属于商业包装，是商品送到使用者手里的最小单位。（　　）

4. 按包装功能分类，可分为内包装、外包装，其中内包装属于工业包装，外包装属于商业包装。（　　）

5. 包装材料的选择直接关系到包装质量和包装费用，有时也影响运输、装卸搬运和仓储环节作业的进行。（　　）

6. 物料的集装单元化是现代物流的特征之一，而标准化则是集装单元化的关键。（　　）

7. 集装单元化技术是物流系统中的一项先进技术，是便于实现自动化管理的一种现代科学技术，但它只适合小批量、短距离输送。（　　）

8. 商品条码化和包装标准化是实现分拣自动化的前提。（　　）

9. 包装的规格和托盘、集装箱关系密切，在制定包装尺寸标准时，只需与托盘、集装箱规格相符即可。（　　）

10. 集装就是以最有效地实行物资搬运作为基本条件，将若干货物恰当地组合成的包装。它既是一种包装，也是一种运输或储存形式。（　　）

二、单项选择

1. 单个包装也称小包装，是物品送到使用者手中的最小单位。这种包装一般属于（　　）。

A. 工业包装　　B. 运输包装
C. 商业包装　　D. 内包装

2.（　　）被称为生产物流的终点，同时也是社会物流的起点。

A. 运输　　B. 仓储
C. 流通加工　　D. 包装

3. 按照包装的功能，可将包装划分为（　　）两类。

A. 工业包装和商业包装　　B. 内包装和外包装
C. 单个包装和整体包装　　D. 轻薄包装和模块包装

4. 商品包装可以分为自包装、内包装和外包装三种类型，这是按照包装的（　　）来划分的。

A. 功能　　B. 作用

C. 特点　　D. 层次

5. 按照包装的使用范围来划分，商品包装可分为（　　）。

A. 工业包装和商业包装　　B. 内包装和外包装

C. 专用包装和通用包装　　D. 销售包装和运输包装

三、多项选择

1. 商品包装主要具有（　　）等功能。

A. 保护　　B. 容纳

C. 方便　　D. 促销

E. 美化

2. 托盘也称（　　）。

A. 集装盘　　B. 集装箱

C. 柔性集装箱　　D. 集装袋

E. 集装托盘

3. 包装合理化正朝着（　　）以及成本低廉化等方向发展。

A. 智能化　　B. 标准化

C. 绿色化　　D. 单位大型化

E. 作业机械化

4. 商品包装的方便功能主要体现在（　　）几方面。

A. 方便装卸搬运　　B. 方便运输

C. 方便贮存保管　　D. 方便使用

E. 方便销售

5. 集装箱的特点和技术要求包括（　　）。

A. 具有足够的强度，能长期反复使用。

B. 适于一种或多种运输方式运送货物，途中无需倒装。

C. 设有供快速装卸的装置，便于从一种运输方式转到另一种运输方式。

D. 便于箱内货物装满和卸空。

E. 内容积大于或等于 1 立方米。

四、简答（述）

1. 简述包装的基本功能。

2. 包装有哪些种类？各类包装有哪些优缺点？主要适用于哪些方面？

3. 运输包装标志有哪些？运输包装标志起什么作用？

4. 简述包装合理化及其发展方向。

5. 举例说明防震技法在现实生活中的运用。

6. 有哪些防护性包装技法？

7. 简述集装箱和托盘的特点。

五、案例分析

案例1：日本绿色食品包装

日本食品界掀起的“绿色包装”革命很有成效，一些公司采取了较好的做法。

一些日本企业不搞华丽的包装，而是千方百计地节约加工费用，节省材料，从而降低产品成本。例如，日本90%的牛奶都是以有折痕线条的包装出售，这种容易压扁的包装不但生产成本低，而且能够减少占用的空间，方便送往再循环系统并减少运输成本。这使小孩从小就能接触和使用有环保功能的“绿色”产品，这本身就对使用者有很好的教育作用。再如，日本常见的饮料Yakltt健康饮品也是使用一种底部可以撕开、进行了特殊设计的杯形容器。当底部被撕开后，人们能够轻易地把容器压扁，方便送去再循环处理中心。日本东京每年都举行包装设计比赛，获奖的包装设计将被广泛使用。其中一种获奖的饮料包装是由100%再循环的纸板盒和盒子内盛饮料的袋子组成的，人们能够轻易地把纸盒和袋子分开，这样将废弃的包装送去再循环中心时就比较容易处理。另一种开始被消费者接受的新包装是立式装。由于开袋子比开瓶子更容易使内部液体溢出，因此袋子的开口都需要进行特殊设计，以方便打开。采用这类袋装主要是为了取代塑料瓶，两者相比较，前者使用的塑料只有后者的五分之一。

日本味之素公司设计推出的包装，没有华丽的外表，而只是用白色单瓦楞纸进行最节省的包装，标贴印刷也朴实无华。日本三得利公司推出的啤酒易拉罐包装，喝完以后只要按其罐体形态提示的方向，左右扭曲便可缩小体积，方便回收。

日本优秀的“绿色”包装设计，大多数能减少循环处理时的困难，更重要的是它们有利于保护人体健康。一些日本专家认为，许多没有包装必要的食品，完全可以放弃包装。例如一些蔬菜、水果，可以不需要销售包装，这样有助于保持蔬菜、水果的营养与新鲜。

根据案例提供的信息，请回答以下问题：

1. 日本食品包装体现了一种什么观念？
2. 结合案例总结绿色包装的具体做法有哪些？

案例 2：TECH PLASTUS 联合公司包装管理的合理化

TECH PLASTUS 联合公司是《财富》杂志上排名 500 强的塑料容器制造商。该公司的主要产品是盛装食物的塑料容器，它由盒与盖两个组件组成。公司原来的作业方式是将配套好的盖和盒，以一对的形式包装储存。传统的操作过程要求首先分别生产盒与盖，然后在生产线上完成盒与盖的配套包装过程，再将其送到仓库中。随着业务的发展，产品的品种从 80 种增加至 500 种，而这些产品的盒与盖又有许多是可以相互匹配的。这样，传统的操作过程使得产品库存迅速增加，同时，缺货现象又经常发生。仓库操作人员经常需要从现有库存物品中打开包装，拿出产品，再进行重新装配，以使产品满足已有订单的需求。这样做，一方面使工作效率降低；另一方面也常常不能满足客户的需求，产品库存的精确性也受到了影响。

TECH PLASTUS 联合公司为了解决这个问题，在生产线末端重新设计包装过程，将盒与盖进行独立的包装，再分别放入仓库的一个配套装配工作区，而不先进行盒与盖的配套。每天收到客户订单时，再根据需要将所需的盒与盖放入包装线，两者被压缩包装在一起，并按顾客的要求打上标签，然后将成品放上拖车运走。对于需求量大的盒与盖，平时可以多装配一些，然后包装入库储存，需要时再进行大量库存物品的打标签和装运。

TECH PLASTUS 联合公司用于包装线的投资不到 2 万美元。而把配套包装作业放到仓储过程中去完成，使流动资金的周转率大大提高，仓库的空间利用率也得以提高，同时，库存的精确度也达到一个更能接受的水平。

根据案例提供的信息，请回答以下问题：

1. TECH PLASTUS 联合公司遇到了什么问题?

2. 是什么原因使 TECH PLASTUS 联合公司遭遇困境?

3. TECH PLASTUS 联合公司采取了何种应对策略？有何好处?

4. 结合本案例，请谈谈你对“管理出效益”这句话的理解。

5. 结合本案例，请谈谈你对流程管理的理解。

第三单元
储存保管

学习目标

通过本单元的学习，应达到以下目标：

1. 了解储存保管的概念和分类；
2. 掌握储存保管的作用和作业流程；
3. 掌握商品储存合理化的措施；
4. 了解仓库的概念和分类，掌握仓库布局及其合理化的原则；
5. 掌握自动化立体仓库的概念、特点及常见的储存保管技术。

思考与练习题

一、判断正误

1. 退货入库的商品因已经过检验，所以入库时无需再检验。（　　）

2. 仓库的货物吞吐量与货物装卸作业量是同一个数量指标。（　　）

3. 根据货物周转率来安排货位时，周转率越高的货物应离

出入口越远；反之越近。 ( )

4. 由于库存物资的品种和数量可能经常变化，因此物资保管区的划分是动态的，随着保管任务的变化进行相应调整。 ( )

5. AS/RS 系统布置就是对自动化仓库进行系统布置。 ( )

6. 自动化仓库也称高架仓库，因此，凡自动化仓库必须是用十几层高的货架来储存货物的仓库。 ( )

7. 自动化仓库与传统仓库最根本的区别在于观念上的变化，要把原来那种固定货架、人工管理、以储存为主的仓储作业改变为自由选择货位，机械化、自动化仓储作业。 ( )

8. 空间利用率最大化是仓储管理的唯一目标。 ( )

9. 仓库作业流程中的第一阶段，即入库过程，主要包括货物的接运和验收入库环节。 ( )

10. 仓储规划和物资储存计划实际上是同一概念，都是对库存物资进行安排和计划。 ( )

二、单项选择

1. 仓储的目的是克服产品生产与消费在（ ）上的差异，以实现产品的使用价值。

A. 供应量　　B. 需求量

C. 时间　　D. 空间

2. 在码头和车站进行不同运输方式的转运时，由于不同运输工具的运输能力差异较大，因此必须通过（ ）来进行调节与衔接。

A. 配送　　B. 包装

C. 仓储　　D. 流通加工

3. 从生产与消费两方面来看，产品生产与消费的节奏是不相同的。这就需要通过（ ）来协调。

A. 流通加工　　B. 仓储

C. 运输　　D. 配送

4．一般来说，风吹、日晒、雨淋及温湿度变化对其无显著影响的物资都可放在（　　）保管。

A．露天货场　　B．物料棚

C．普通库房　　D．专业库房

5．通过仓储，可使商品在最有效的时间段发挥作用，创造商品的“时间价值”和（　　）。利用仓储这种“蓄水池”和“调节阀”的作用，还能调节生产和消费的失衡，消除过剩生产和消费不足的矛盾。

A．使用价值　　B．空间价值

C．剩余价值　　D．时间价值

6．仓库管理系统的英文缩写是（　　）。

A．WMS　　B．TMS

C．LVS　　D．OMS

7．对于体积小、重量轻、保管条件要求比较高的物资，如仪器仪表、电子器件、电工器材等，应存放在（　　）。

A．楼库顶层　　B．楼库底层

C．楼库中间层　　D．楼库外的露天堆场

8．流通仓库、工厂仓库的生产效率在很大程度上依赖于收发货物的（　　）。

A．作业效率　　B．搬运距离

C．搬运企业量　　D．搬运设备

9．（　　）是立体仓库中最重要的起重运输设备，代表立体仓库的特征。

A．桥式起重机　　B．门式起重机

C．堆垛起重机　　D．岸边起重机

10．拆垛、配货、贴标签、拴卡片等都属于（　　）作业。

A．搬运装卸　　B．流通加工

C．辅助　　D．仓储

三、简答（述）

1．举例说明储存保管的积极作用和消极作用。

2. 简述储存保管的作业流程。
3. 储存保管合理化的措施有哪些？
4. 仓库有哪些种类？
5. 对仓库进行合理布局应考虑哪些因素？
6. 自动化立体仓库有哪些特点？
7. 举例说明分区分类定位储存技术的运用。
8. 堆码苫垫的注意事项有哪些？
9. 盘点的具体工作是什么？
10. 怎样才能做好仓库管理工作？
11. 影响储存商品质量变化的因素有哪些？
12. 怎样防治库房害虫？
13. 调控库房温湿度的方法有哪些？

四、案例分析

案例1：BJ汽车制造厂的自动化仓库

20世纪70年代，北京某汽车制造厂建造了一座高层货架仓库（即自动化仓库）作为中间仓库，存放装配汽车所需的各种零配件。该厂所需的零配件大多数由协作单位生产，然后运至自动化仓库存放。该厂是我国第一批发展自动化仓库的企业之一。

从结构来看，该仓库分高库和整理室两部分，高库采用固定式高层货架与巷道堆垛机结构，从整理室到高库之间设有辊式输送机。当入库货物的包装规格不符合托盘或标准货箱要求时，还需要对货物的包装进行重新整理，这项工作就是在整理室进行的。由于当时各种备品的包装没有规格化，因此，整理工作的工作量相当大。

货物的出入库是通过电脑控制与人工操作相结合的人机系统来实现的。在当时，这套设备相当先进。该库建在该厂的东南角，距离装配车间较远，因此，在仓库与装配车间之间需要进行二次运输，即先要将所需的零配件出库，然后装车运输到装配车间，才能进行组装。

自动化仓库建成后，这个先进的仓储设施在企业的生产经营中所发挥的作用并不理想。因此其利用率也逐年下降，最后不得不拆除。

根据案例提供的信息，请回答以下问题：

1. 该企业的自动化仓库建成后，为什么没有发挥应有的作用？请分析原因。

2. 你认为该企业的自动化仓库有必要建立吗？请说明理由。

案例 2：制造或购买，仓库决策

一个利用外部仓库完成仓储功能的制造商，正考虑在其内部实现仓储功能。目前的情况是，当产品完成最后的装配后，有关人员用卡车将其运输到两英里以外的一个公共仓库。仓库管理人员从卡车上卸下货物，并将货物储存起来。当接到客户订单后，该制造商的销售代表就与公共仓库的管理人员联系。订单通过电子邮件传送到仓库。仓库管理人员根据订单拣出货品，将其包装，并安排运输。当装运了这票订货，仓库管理人员用电子邮件将信息发送给制造商，接下来库存数据被更新。

该制造商一直在寻找降低成本的办法。已经在生产制造中降低了许多成本。比如，将某些工作合并或削减；再如，裁减了部分员工。到目前为止，已经解雇了 30 个全日制雇员和 3 个经理。其他的雇员担心下一次被裁减，因此士气低迷。为了提高士气，同时找到别的降低成本的办法，该制造商正考虑在自己的仓库中完成仓储功能，而非使用公共仓库。

首先，使用私人仓库的好处是每单位仓储费用的节约。假设这个仓库可使用十年而没有不可预见的较大投资，每单位的仓储费用将从现在公共仓库的 2. 90 美元下降到私人仓库的 2. 36 美元。如果能使每件商品的成本降低 0. 54 美元，若按 180 000 件计，每年就可节约 97 200 美元。

其次，使用私人仓库可安置裁减下来的员工。这些被裁减的雇员经过训练后可执行仓储功能，这将有助于鼓舞士气（员工培训费用已经在成本核算中考虑了）。

使用私人仓库的再一个好处是，不必在本企业的仓库中设置销售人员的办公室，可省去公共仓库管理人员必要的对外联系。而且可使制造商的产品贴上清晰的公司商标，使其在市场上更具可见性。

此外，使用私人仓库后，管理层能对仓库运作包括库存管理进行更大程度的控制。并且，所建议的私人仓库的地点位于市区以外，到达该地点的距离和路线与公共仓库相似，将不会改变现在使用公共仓库的运输费用。

但使用私人仓库需要考虑是否专业的问题，即制造商是否具备运作一个成品仓库的专业技巧。为此，需要对管理人员和计时雇员进行广泛培训。在此期间还会中断商业流。设施建设和培训可能要花费 16 个月的时间。

同样，销售代表将面临工作结构的改变，这将对公司的经营业绩产生负面影响。因为需要给销售代表分配附加任务来追踪客户订货以保证货物能被及时装运，而这项任务目前是由公共仓库完成的。

最后，对在公司内部完成仓储功能的最大关注点在于需要在仓库设施中投入多少资金。若按照每年 25 000 美元来计算，最初的投资金额将是 250 000 美元。这笔经费还意味着可能有其他方面的投资，而且关于是否增加生产能力等问题的决策还不能马上就做出。一旦投资延误，将会产生影响制造商战略重点的风险。

尽管从成本的角度来考虑，建立私人仓库是有利的，但也必须仔细分析其他影响因素，需综合评估而定。

根据案例提供的信息，请回答以下问题：

1．本案例中，在对公共仓库和私人仓库进行决策时考虑了哪些影响因素？

2．公共仓库与私人仓库各有什么优缺点？

案例3：仪征化纤工业联合公司涤纶长丝自动化立体仓库

仪征化纤工业联合公司是我国最大的化纤生产基地，具有年产50万吨聚酯的生产能力。仿毛差别化长丝项目是仪化三期工程的主要组成部分之一，涤纶长丝自动化立体仓库就在其主车间内。涤纶长丝自动化立体仓库是主车间后纺加工的一部分，它担负着长丝成品的入库存储、出库发送以及空托盘的自动处理，立体仓库的作业非常频繁。

一、立体仓库的平面布置

根据仪征化纤股份公司对生产、使用及其他系统联结的要求，立体仓库为南北向，进货、出货的位置分别安排在立体仓库货架的两端，平面输送系统采用贯通式布置，总的物流方向是从立体仓库南端（入库端）到北端（出库端），路径简捷，物流畅通。

二、仓库的主要设施

仓库的主要设施包括：①高层货架；②巷道堆垛机；③输送机；④条形码阅读器；⑤计算机终端。

三、仓库控制系统的特点

控制系统是一个分层分布式计算机系统，它由管理层、监控层、控制层和设备层构成，主要具有以下特点：

1. 可靠性高

在系统中，主管理机的双层备份，系统启动时的自检功能，软件方面的抗干扰措施，以及远红外线和光纤通信等都是提高系统可靠性、使系统稳定运行的有效措施。

2. 易操作维护

该系统的人机界面清楚、简单，系统操作和维护中有简明的提示方式和操作程序。

3. 自动化程度高

在自动化仓库系统中，除出货口处的人工输入出库单和人工搬运外，其余均无需人工干预，这是目前国内综合自动化程度较高的立体仓库之一。

4. 作业快速准确

货位分配的准确查找和合理分配，堆垛机认址的奇偶校验，条形码复核分岔，设置多个入口和多个出口，各巷道均匀入出库和就近出库的分配原则，合理高效的作业调度，空托盘的自动补给，这些措施都提高了作业的准确性和有效性。

5. 具有良好开放性

整个系统的软硬件环境开放透明，便于将来的修改与扩充，并具有与其他系统联接的通用接口。

6. 模态组合灵活

多级控制方式、多种灵活的作业方式，使系统可以根据不同需要进行组合。

7. 技术、设备成熟先进

系统中使用了远红外通信设备、智能控制系统、网络集成技术和低照度自控摄像系统，这些技术和设备为系统的可靠、高效、灵活运行提供了有效保证。

四、仓库的作业流程

1. 入库作业流程

自动分级包装线的码垛机将装成纸箱的长丝成品按每层五箱或六箱，共三层码放在空托盘上，然后送到立体仓库的输送机，开始进行入库作业。

当货物经过入库条形码阅读器时，托盘号被扫描下来，并传给主管理计算机（HCl），HCl 将托盘号与其从包装线收到的托盘信息进行比较，如果有该托盘的信息，并且没有盲码（无法读出条形码信息）标记，则 HCl 根据均匀分布、出库口就近以及高号数巷道优先等原则进行入库地址的分配，然后把分配好的地址信息及作业命令下发给监控计算机（MC）。

监控机 MC 把托盘号和其入库的巷道号发送给入库分岔条形码系统，由控制系统根据作业命令把入库托盘送入指定的巷道输送机上，条形码系统把已分岔的托盘信息发送给 MC。MC 根据入库分岔条形码系统返回的信息，在入库分岔队列中消去已分岔的托盘号，并与相应的堆垛机控制器通信，按顺序下发入库作业命令。堆垛机进行相应的入库作业。

堆垛机完成入库作业后，向 MC 返回作业完成等信息，并等待接受下一个作业命令。MC 把作业完成等信息返回给 HCl 进行入库登账管理，系统中设有较完善的系统安全运行保护措施。如果堆垛机发生故障，MC 会自动发出“故障分停”的堆垛机命令，并进行相应的故障排除处理。当投送难于立即恢复的故障时，MC 则把该信息自动通知 HCl，HCl 做“封巷道管理”，不再向发生故障的巷道分配入库货物。

入库条形码阅读器出现盲码时，HCl 将不对盲码货物（托盘）分配入库地址。该盘货通过人工小车处理和检查后，从盲码处理段输送机再进行入库。入库分岔条形码出现盲码时，也通过人工小车再入库，HCl 对其托盘号进行比较，若已分配其货位地址，则此次就无需再分配货位地址了，也不必再向下级系统发送入库数据。在入库输送机的相应段设有高度限制装置，以限制由人工处理后出现的超高货物。

2. 出库作业流程

首先，出库操作员根据买主的购货要求将出货单（品种、数量或总量）信息输入出库终端，并自动传送给主管理计算机（HCl）。HCl 根据收到的出库单信息，进行库存查询，并按先进先出、各巷道均匀出库和巷道内就近出库等原则选择出库的托盘、货位地址及相应的出货台，形成批出库命令，然后下发给监控机（MC）。监控机 MC 收到出库命令后，根据当前入出库作业的情况，对出库命令以及其他作业命令（如入库、空盘操作等）进行作业的优化调度，安排各巷道的作业次序，把安排好的作业命令（列、层、左右排等）逐条发送给相关的堆垛机控制器。

堆垛机按监控机 MC 的出库命令运行到指定的货位，将货物取出并送到巷道口的出库台上。堆垛机控制器能根据不同的运行距离和高度选择合理的运行速度，并具有一系列安全保护和故障处理能力。堆垛机完成一个出库作业后，控制器向 MC 返回作业完成信息，等待进行下一个作业。此时，出库输送机控制器对堆垛机刚完成出库的货物进行输送控制。监控机 MC 收到堆垛机的作业完成信息后，把该货物的托盘号以及出货台下发给出库条形码系统，并向主管理机 HCl 返回该货物出库完成信息。主管理机 HCl 对从监控机 MC 收到的完成信息进行销账处理，实现“动态账本”功能的同时，出库条形码系统读取从其面前经过的托盘号，每读到一个托盘号都与其从 MC 收到的托盘号进行比较，并分配至相应的出库条形码阅读器。这些阅读器通过出库输送机控制系统执行相应的分岔动作，分别送到三个出库口。载货的托盘到达出货升降台后停止运行，等待人工调整其高度，搬运工卸货后按动一个按钮启动空托盘输送机把空托盘自动送走。如果堆垛机在作业过程中发生了故障，则堆垛机紧急停车，并向监控机 MC 返回故障以及其类别等信息。MC 根据堆垛机控制器返回的故障信息，自动分停相应巷道的堆垛机，自动或人工进行故障排除处理。

3. 空托盘处理及输送流程

监控机 MC 根据空盘输送机控制器和出库输送机控制器返回的现场信息，按照一定的算法计算出输送机向码垛机所能提供的空托盘数。如果少于允许的最少空盘数，则再判断此时立体仓库是否正在进行出库作业，如果正在出库则作业状态不变（因出库后自然可为码垛机提供空托盘）；如果此时没有出库作业，则监控机 MC 向主管理机 HCl；申请空托盘出库，HCl 决定一批空托盘出库作业，并下发出库命令。以下流程与满盘出库流程相同，但在系统控制下，空托盘被送至空盘输机上。

如果输送线上的空盘数多于允许的最大空盘数，则监控机 MC 向输送机控制器发送空盘回库命令，以保证不致因输送线上空盘过多而导致堵塞出库货物。当空盘回库达到系统平衡时，MC 再发送“禁止空盘回库”命令，以恢复系统的高效状态。

根据案例提供的信息，请回答以下问题：

1. 自动化立体仓库有哪些优点？
2. 自动化立体仓库一般应配备哪些基本设施？
3. 结合案例，写出自动化立体仓库的入库作业流程。
4. 结合案例，说明自动化立体仓库的出库作业流程。
5. 根据案例，说明空托盘管理流程。

第四单元 运输与配送

学习目标

通过本单元的学习，应达到以下目标：

1．理解运输的概念和作用，掌握基本运输方式及其特点；

2．掌握运输合理化的措施；

3．掌握配送的概念、特点、作业流程以及配送合理化的措施；

4．掌握多式联运及集装箱运输的概念和特征；

5．了解现代运输技术和现代配送技术。

思考与练习题

一、判断正误

1．多式联运作为一种新型的运输组织形式，其目的是为客户提供高质量、低成本的运输服务。（　　）

2．运输距离是影响运输成本的主要因素之一，通常，运输成本随着距离的增加而递减，即遵循递远递减原则。（　　）

3．运输企业提供的服务如果没有被消费掉，也不会造成服务库存增大而增加成本，仅仅是服务机会的失去。（　　）

4. 避免迂回运输、对流运输、重复运输、倒流运输是实现运输合理化的有效途径。 （ ）

5. 配送实际上是一个货物的集散过程，它包括集中、分类和散发三个步骤。 （ ）

6. 配送是以供应者送货到用户的服务性供应，是一种“门到门”的服务形式，属于“终端运输”。 （ ）

7. 准时配送方式要求有很高水平的配送系统来实施。 （ ）

8. 由于 JIT 配送可实现生产企业的“零库存”，因此今后的发展可以做到消灭库存。 （ ）

9. 共同配送也称协同配送，其主体可以是货主企业，也可以是第三方物流公司。无论主体是谁，共同配送对他们都是有益的。 （ ）

10. 共同配送也称越库配送，是实现同城物流配送合理化的有效措施。 （ ）

二、单项选择

1. 由于技术和经济原因，各种运输方式的运载工具都有其适当的容量范围，从而决定了运输线路的（ ）。

A. 运输距离 B. 运输能力

C. 送达速度 D. 运输成本

2. 运输向用户提供的不是有形产品，而是一种服务，它创造了物品的（ ），并以该效用为主，辅以多种增值服务功能，满足了用户的需求。

A. 时间效用 B. 经济效用

C. 空间效用 D. 增值效用

3. 以下运输方式中，计划性较强，行驶阻力较小的是（ ）。

A. 公路运输 B. 铁路运输

C. 水上运输 D. 航空运输

4. 运输提供了物品位移和（ ）的职能。

A. 短期存储　　B. 简单加工
C. 信息流转　　D. 增值服务

5. 相对于其他运输方式而言，公路运输的最大优点是（　　）。

A. 速度快　　B. 成本低
C. 货损率低　　D. 能实现门到门运输服务

6. 同样是电视机，北京产的销往上海，而上海产的销往北京，这种同一类货物，因品种、规格或适用范围不同所形成的货流是因（　　）而形成的。

A. 自然资源和生产力布局上的要求
B. 经济发展和社会分工的深化
C. 为实现商品的社会效用
D. 地区间商品品种、质量、性能的差异

7. 所谓拣选，就是按订单或出库单的要求，从（　　）选出物品，并放置在指定地点的作业。

A. 转运场所　　B. 检验场所
C. 加工场所　　D. 储存场所

8. 在配货时，大多是根据入库日期，按照（　　）的原则进行的。

A. 先进先出　　B. 先进后出
C. 后进先出　　D. 顺其自然

9. 配送中心在配货时，以出货单为准，按货物品类顺序或储位顺序取货，这种方式称为（　　）。

A. 摘取方式　　B. 播种方式
C. 分货方式　　D. 提货方式

10. 车辆配装时，应遵循（　　）原则。

A. 重不压轻，后送后装　　B. 重不压轻，后送先装
C. 轻不压重，后送后装　　D. 轻不压重，后送先装

三、多项选择

1. 运输的功能包括（　　）。

A. 产品转移　　B. 使用价值实现
C. 增加就业　　D. 产品储存
E. 运动

2. 以下运输活动中，属于不合理运输的是（　　）。
A. 迂回运输　　B. 对流运输
C. 支线运输　　D. 干线运输
E. 重复运输

3. 物流运输增值在于物流企业的（　　）导致了低成本，节省了物流运作成本，同时又提供了其他增值服务。
A. 一体化　　B. 专业化
C. 个性化　　D. 规模化
E. 社会化

4. 配送与运输是不同的，配送具有（　　）特点。
A. “二次运输”　　B. 干线输送
C. “门到门”服务　　D. “中转”型送货
E. 直达送货

5. 用户对配送物品的需求是否得到满足，即配送物品的可得性，通常是用（　　）等指标来衡量的。
A. 缺货频率　　B. 订单满足率
C. 缺货率　　D. 信息的正确率
E. 高效率

四、简答（述）

1. 结合实际说明运输具有哪些特征。
2. 简述五种基本运输方式的优缺点及适用范围。
3. 集装箱运输具有什么特征？
4. 什么是多式联运？多式联运有什么作用？
5. 不合理的运输现象有哪些？合理化运输的措施有哪些？
6. 选择运输手段时，应考虑的因素有哪些？
7. 简述配送、运输、送货的区别。
8. 配送有哪些种类？

9. 简述配送的作业流程。

10. 配送合理化的判断指标有哪些？

11. 配送合理化的措施有哪些？

五、案例分析

案例1：沃尔玛降低运输成本的学问

沃尔玛是世界上最大的商业零售企业，在物流运营过程中，尽可能降低成本是其经营之道。

沃尔玛有时采用空运，有时采用船运，还有一些货品采用卡车运输。在中国，沃尔玛百分之百地采用公路运输，所以，如何降低卡车运输成本，是沃尔玛物流管理面临的一个重要问题。对此，沃尔玛主要采取了以下措施：

（1）沃尔玛使用尽可能大的卡车，大约有16米加长的货柜那么长，比普通集装箱运输卡车更长或更高。公司员工把卡车装得非常满，商品从车厢的底部一直装到最上部，这样非常有助于节约成本。

（2）沃尔玛的车辆都是自有的，司机也是公司的员工。沃尔玛的车队大约有5000名非司机员工，还有3700多名司机，车队每周每次运输可达7000～8000千米。

公司的管理者知道，卡车运输是比较危险的，有可能会出交通事故。因此，对于运输车队来说，保证安全是节约成本最重要的环节。沃尔玛的口号是“安全第一，礼貌第一”，而不是“速度第一”。在运输过程中，卡车司机们都非常遵守交通规则。公司派专人定期在运输途中对车队进行调查，如果发现司机违章驾驶（卡车上印有公司的标志和车辆编号），就会向公司报告，以便进行惩处。公司领导认为，卡车不出事故，就是节省公司的费用，就是最大限度地降低物流成本。由于狠抓了安全管理，运输车队已经创造了300万千米无事故的纪录。

（3）沃尔玛采用全球定位系统（GPS）对车辆进行定位，因此在任何时候，调度中心都知道这些车辆在什么地方，离商店有多远，还需要多长时间才能到达商店，这种估算可以精确到小时。借助信息技术手段，极大地提高了物流系统的效率，降低了运营成本。

（4）沃尔玛连锁商场物流部门的员工 24 小时工作，无论白天还是晚上，都能为卡车及时卸货。沃尔玛的车队则利用夜间进行运输，从而实现了当日下午集货，夜间进行异地运输，翌日上午送货上门，保证在 15 ~ 18 小时内完成整个运输过程，这是沃尔玛在速度上取得优势的重要保证。

（5）沃尔玛的运输车队把商品运到商场后，商场物流部门的员工将之全部卸下，无须对每个商品逐一检查，这样就节省了很多时间和精力，加快了沃尔玛物流的循环过程，从而降低了成本。这里有一个非常重要的先决条件，就是沃尔玛的物流系统能够确保商场收到的货物与发货单完全一致。

（6）沃尔玛的运输成本比供应商的低，因此厂商也利用沃尔玛的卡车来运输，从而实现了把产品从工厂直接运送到商场，大大节省了商品流通过程中的仓储成本和转运成本。

沃尔玛的配送中心把上述措施有机地整合在一起，进行最经济合理的安排，从而使沃尔玛的运输车队能以最低的成本高效率地运行。当然，这些措施的背后包含了许多艰辛和汗水，相信我国的本土企业能从中得到启发，在我国创造出沃尔玛式的奇迹来。

根据案例提供的信息，请回答以下问题：

1．沃尔玛公司为什么要使用尽可能大的卡车来运输商品？这是为了实现运输的规模经济还是距离经济？

2．“沃尔玛的车辆都是自有的，司机也是公司的员工。”你认为自营物流与物流外包，哪一个更有利？为什么？

3．你是怎样理解“保证安全是节约成本最重要的环节”这句话的？

4．商场物流部门无须对运达商场的每个商品逐一检查，就能确保货物与发货单完全一致的前提是什么？

5. 厂商将产品从工厂直接运送到沃尔玛的商场，这是何种配送模式？有何好处？

6. “沃尔玛的配送中心把上述措施有机地整合在一起，进行最经济合理的安排，从而使沃尔玛的运输车队能以最低的成本高效率地运行。”你认为实现这一切的关键是什么？

7. 你从沃尔玛降低运输成本的措施中得到什么启示？

8. 你认为还可以采取哪些措施来降低运输成本？

案例2：高效物流配送 解密“戴尔现象”

在不到20年的时间里，戴尔公司的创始人迈克尔·戴尔，白手起家把公司发展到250亿美元的规模。

即使面对美国经济目前的低迷，在惠普等超大型竞争对手纷纷裁员减产的情况下，戴尔仍以两位数的发展速度飞快前进。根据美国一家权威机构的统计，戴尔2001年一季度的个人电脑销售额占全球总量的13.1%，仍高居世界第一。

“戴尔”现象，令世人为之迷惑。

该公司分管物流配送的副总裁迪克·亨特一语道破天机：“我们只保存可供5天生产的存货，而我们的竞争对手则保存30天、45天，甚至90天的存货，这就是区别。”

物流配送专家詹姆斯·阿尔里德在其专著《无声的革命》中写道：“企业通过提高物流配送能力来参与市场竞争的时代已悄悄来临。看清这点的企业管理人员才是未来竞争激流中的弄潮者，否则，一个企业将可能在新的物流配送环境下苦苦挣扎，甚至被淘汰出局。”

戴尔公司的亨特，无疑是物流配送时代浪尖上的弄潮者。亨特在分析戴尔成功的诀窍时说：“戴尔总支出的74%用在材料配件购买方面，2000年这方面的总开支高达210亿美元，如果我们能使物流配送成本降低0.2%，就等于我们的生产效率提高了10%。物流配送对企业的影响之大可见一斑。”

信息时代，特别是在高科技领域，材料成本随着日趋激烈的竞争而迅速下降。以计算机为例，材料成本以每周1%的速度下降。从戴尔公司的经验来看，其材料库存只有5天，当其竞争对手维持4周的库存时，就等于戴尔的材料配件支出与竞争对手保持3%的优势。当其产品最终投放市场时，物流配送优势就可转变成2%至3%的产品优势，竞争优势不言而喻。

在提高物流配送效率方面，戴尔和50家材料供应商保持密切的联系，庞大的跨国集团戴尔所需材料的95%都由这50家供应商提供。戴尔与这些供应商每天都要通过网络进行沟通、协调。戴尔监控每个零部件的使用情况，并随时把本公司的最新需求信息发布在网络上，让所有供应商共享，这既提高了信息沟通的效率，又刺激了供应商之间的相互竞争；而供应商则随时向戴尔沟通本公司的产品开发、价格变化以及库存等方面的信息。

几乎所有的工业企业都会出现过期、过剩的部件。而高效率的物流配送使戴尔的过期部件比例保持在材料支出总额的0.05%~0.1%。2000年全年戴尔在这方面的损失为2100万美元。而这一比例在戴尔的竞争对手中高达2%~3%，在其他行业中更高，达到4%~5%。

即使是面对如此高效率的物流配送，亨特仍不满意：“有人问5天的库存量是否为戴尔的最佳物流配送极限，我回答当然不是，我们能把它缩短到2天。”

根据案例提供的信息，请回答以下问题：

1. 为什么说“即使面对美国经济目前的低迷，在惠普等超大型竞争对手纷纷裁员减产的情况下，戴尔仍以两位数的发展速度飞快前进”？

2. 为什么说“如果我们能使物流配送成本降低0.2%，就等于我们的生产效率提高了10%”？你是怎样理解这句话的？

3. 戴尔为什么要实施高效的物流配送？

4. 戴尔怎样才能实现高效的物流配送？

5. 案例中所说的配送是指生产资料配送还是指产成品

配送?

6. 试分析库存成本及其风险。

7. 戴尔是怎样管理其供应商的?你认为制造商与供应商之间应该保持竞争关系还是合作关系?为什么?

资料链接1:

现代运输技术

一、智能交通系统(ITS)

1. 智能交通系统概述

自20世纪90年代以来,电子信息技术越来越多地进入交通运输部门,并逐渐形成一个崭新的工程领域,即智能交通系统(Intelligent Transportation System, ITS)。所谓智能交通系统,就是综合利用信息技术、数据通信传输技术、电子控制技术以及计算机处理技术对传统的运输系统进行改造而形成的新型系统①。ITS强调的是运输设备的系统性、信息交流的交互性以及服务的广泛性。

由于ITS是将出行者、道路和交通运输工具三者作为一个系统来综合考虑,因此使交通运输基础设施得以发挥最大效能,车辆堵塞和交通拥挤得到有效解决,出行者的安全度和舒适度得到明显改善,并通过节约能源和保护环境使全社会获得巨大的社会经济效益。由于智能交通系统加速了交通运输进入信息时代的步伐,因而是21世纪现代化交通运输体系的重要发展方向;而其巨大的市场容量更决定了这是一项新兴的、大规模的国家产业,而且是21世纪全球几项最大产业之一。

2. 智能交通系统涵盖领域

ITS涵盖内容十分广泛,根据权威机构美国ITS协会的观点,从技术领域、工作特点和应用场合等方面,可把从事ITS产

① 中华人民共和国国家标准《物流术语》(GB/T18354-2006)。

业的众多部门大致概括为以下四大类：

(1) 车辆控制和车载单元。它主要包括：自动高速公路系统、不停车收费系统、智能运行控制系统、视觉增强系统、汽车电子系统、车道跟踪/变更/交汇系统、自动刹车系统、精确停车系统、车牌自动识别系统、电子黄页和其他非地图数据库。

(2) 远程信息处理（Telematics）。它主要包括：导航数据库、车载硬件系统和元件、实时交通/气象信息服务、紧急辅助通信和服务、GPS 系统和元件、事故检测系统、互联网接入、碰撞告警系统。

(3) 车队信息系统和导航。它主要包括：车队跟踪软件和服务、车队管理和燃油系统、运动称重设备和系统、贵重器材运输车辆跟踪系统、计算机辅助调度系统、航位推算装置、差分 GPS 修正、其他有关硬/软件。

(4) ITS 工程和服务。它主要包括：系统工程设计、ITS 系统集成、运输市场分析、系统计划/测试/评估、外场测试、培训/技术支持、运行/维护、培训/鉴定、交通环境模拟等。

3. 智能交通系统的主要技术和关键技术

发展 ITS 所需的主要技术有：微电子技术、计算机网络及软件技术、移动通信技术、系统控制和集成技术等。具体包括：互联网技术、GPS 技术、GIS（地理信息系统）技术、GSM（全球移动通信系统）技术、光纤网络技术、IC 卡技术、电子标签技术、信息自动采集技术、航位推算技术、大屏幕显示技术、智能信号控制技术、信息系统集成技术和网络软件技术等。

上述技术中，核心技术是 GPS 技术。

二、全球定位系统（GPS）

1. 全球定位系统概述

全球定位系统（Global Positioning System，GPS）是“由美国建设和控制的一组卫星所组成的、24 小时提供高精度的全球范围的定位和导航信息的系统”（GB/T18354－2006）。它最初由美国国防部开发成功，利用离地面约两万多千米高的轨道上运行的 24 颗人造卫星所发射出来的讯号，以三角测量原理计算出收讯者在地球上的位置。GPS 采用的是全球性地心坐标系统，坐标原点为地球质量中心。

现阶段 GPS 主要是由导航主机、天线、陀螺仪传感器及车速传感器组成。导航主机由 GPS 接收器及 CD－ROM 地图盘片播放机构成，与天线结合接收信息资料。陀螺仪传感器是小型的方位传感器，可感测车体的位置，车速传感器则通过对行驶距离与时间进行判断以获知车速。随着科技的发展，GPS 民用化的趋势越来越让人期待。因为晶片小型化技术的日趋成熟，使得 GPS 晶片组在缩小体积或是降低耗电量等方面都有很大的突破。

2. GPS 的功能

GPS 在 ITS 中主要应用于车辆的定位和导航系统。GPS 定位导航系统与电子地图、无线电通信网络及计算机车辆管理信息系统相结合，可以实现车辆跟踪和交通管理等许多功能，这些功能包括：

（1）车辆跟踪功能。利用 GPS 和电子地图可以实时显示出车辆的实际位置，可对重要车辆和货物进行跟踪运输。

（2）提供出行路线规划和导航功能。提供出行路线规划，包括自动线路规划和人工线路设计。

（3）信息查询功能。查询资料可以以文字、语言及图像的形式显示，并在电子地图上显示其位置。

（4）交通指挥功能。指挥中心可以监测区域内车辆运行状况，对被监控车辆进行合理调度。

（5）紧急援助功能。通过 GPS 定位和监控管理系统可以对遇有险情或发生事故的车辆进行紧急援助。

总体而言，自动车辆定位导航系统是 ITS 中非常关键的部分，利用它们可以很好地实现对交通运输系统整个过程的控制、交通信息服务、道路应急及多种信息服务。

三、地理信息系统（GIS）

地理信息系统（Geographical Information System，GIS）是随着地理科学、计算机技术、遥感技术和信息科学的发展而发展起来的一种新兴技术，是“由计算机软硬件环境、地理空间数据、系统维护和使用人员四部分组成的空间信息系统，可对整个或部分地球表层（包括大气层）空间中有关地理分布数据进行采集、储存、管理、运算、分析、显示和描述”（GB/T18354-2006）。

地理信息系统萌芽于20世纪60年代初，1972年，世界上第一个地理信息系统——加拿大地理信息系统（CGIS）全面投入运行。此后，地理信息系统在全球范围内获得了快速发展，在西方发达国家GIS应用已经渗透到社会经济生活的各个方面，目前已成功地应用到了资源管理、环境保护、灾害预测、投资评价、城市规划建设、人口和商业管理、交通运输、石油和天然气、教育、军事等众多领域。在我国随着经济建设的迅速发展，GIS在城市规划管理、环境保护、交通运输、防灾减灾、农业、林业等领域发挥了重要的作用，取得了良好的经济效益和社会效益。

GIS应用于物流分析，主要是指利用GIS强大的地理数据功能来完善物流分析技术。GIS可用于车辆路线模型设计，用于解决一个起始点、多个终点的货物运输中如何降低物流作业费用，并保证服务质量等问题，包括决定使用多少辆车、每辆车的路线等。

四、射频识别（RFID）

自动识别技术是目前国际上发展很快的一项新技术，其中应用最广泛的有光学技术和无线技术，而在光学技术中得到普遍应用的又有条形码和摄像两大类技术。目前它们已广泛应用于人们的日常生活中，并为人所熟知。比如，条形码用于商品管理，摄像用于抓拍违章车辆等。射频识别采用的是无线技术。

所谓射频识别（Radio Frequency Identification，RFID）是指“通过射频信号识别目标对象并获取相关数据信息的一种非接触式的自动识别技术”。而射频识别系统（Radio Frequency Identification System）则是“由射频标签、识读器、计算机网络和应用程序及数据库组成的自动识别和数据采集系统”（GB/T18354-

2006）。

射频技术起源于第二次世界大战的军事通信，它在军事物流中起到了非常重要的作用。美国和北约组织曾吸取了"沙漠风暴"军事行动中大量物资无法跟踪造成重复运输的教训，在波斯尼亚的"联合作战行动中"，建成了复杂的通信网，完善了识别跟踪军用物资的新型后勤系统。在最近的伊拉克战争中，RFID 技术得到更广泛的使用并不断完善，无论物资是在采购、运输途中，还是在某个仓库存储，均可由接收装置收到 RFID 信息，通过卫星传递给指挥人员，以实时掌握信息。除了跟踪军用物资外，美英联军还将具有微芯片的射频识别标签装入参战士兵的袖口中，跟踪受伤的士兵，以及时解救他们。

自从 1985 年开始，射频技术被运用到了商业领域，它非常适用于物料跟踪、运载工具、仓库货架以及其他目标的识别等要求非接触数据采集和交换的场合，以及用于生产装配线上的作业控制。无线射频技术是将无线电信号扩展到一个很宽的频带上，以达到高速数据传输和减少相互干扰的目的。由于 RF 标签具有可读写能力，对于需要频繁改变数据内容的场合尤为适用，它发挥的作用是数据采集和系统指令的传达，广泛用于供应链上的仓库管理、运输管理、生产管理、物料跟踪、运载工具和货架识别、商店、特别是超市中商品防盗等场合。

在运输管理中，在途运输的货物和车辆是通过在其上贴上射频标签（例如将标签贴在集装箱和装备上），通过射频识别来完成跟踪控制。RFID 接收转发装置通常安装在运输线路的一些检查点上（如门柱上、桥墩旁等），以及仓库、车站、码头、机场等关键地点。接收装置收到射频标签信息后，连同接收地的位置信息上传至通信卫星，再由卫星传送给运输调度中心，输入数据库。

在我国，射频技术的应用也已经开始。一些高速公路的收费站口，使用射频技术可以实现不停车收费，我国铁路系统使用 RFID 记录货车车厢编号的试点也已运行了一段时间。一些物流公司也正在准备或已将射频技术用于物流管理中，同时，生产企业，如汽车的焊接、装配等生产线，也开始采用射频技术，通过对车体、部件的识别与跟踪来管理和控制生产流水线。

资料链接2：

现代配送技术

当今的流通领域已将物流的高科技（自动识别技术、自动分拣技术、自动化立体仓库、信息处理及通信自动化等）广泛运用于配送中心。根据目前配送中心的规模和发展趋势，从业人员应加强学习并采用现代物流配送技术。

一、自动识别技术

自动识别技术在20世纪70年代逐渐成熟，它能够帮助人们快速地进行海量数据的自动采集和输入，解决了计算机应用中由于数据输入速度慢、出错率高等原因造成的“瓶颈”问题。

自动识别技术具有准确性（自动采集数据，彻底消除人为错误）、高效性（信息交换实时进行）、兼容性（自动识别技术以计算机技术为基础，可与管理信息系统实现无缝联结）等特点。

自动识别技术在物流过程中的信息获取和信息录入功能是指，通过自动（非人工手段）获取项目标志信息并且不使用键盘即可将数据实时输入计算机、程序逻辑控制器或其他微处理器，从而控制设备。

自动识别技术包括：条码技术、射频识别技术、磁识别技术、声音识别技术、图形识别技术、光字符识别技术和生物识别技术。目前，在物流管理中最常用的自动识别技术是条码技术和射频识别技术。

条码在配送中心的应用非常广泛，可以分为商品条码和物流条码两种。商品条码一般采用国际标准13码，印在商品上供EOS和POS使用。物流条码一般是在商品条码的基础上增加1码或3码变成ITF14码或ITF16码，印在纸箱上方便扫描，应用于库存的盘点、拣货以及自动分类机的识别等。

条码技术是在计算机应用发展过程中，为消除数据录入的“瓶颈”问题而产生的，可以说是最“古老”的自动识别技术。1973年，美国统一代码委员会选定IBM公司的条码系统，作为北美的通用产品代码，即UPC码，它应用于食品零售业，大大加快了食品的流通。1981年，国际物品编码协会成立，建立了全球统一的商品标志代码系统及条码标志。以条码识读为基础的POS自动销售系统，带来了销售、库存管理、订货、结算方式的变革，同时也促进了条码体系的发展及其在更大范围、更多领域的运用，逐步从供应链的零售末端后推到配送、仓储、运输等物流的各个环节。

二、自动分拣系统

配送中心的作业流程包括“入库—保管—拣货—分拣—暂存—出库”等作业，其中分拣是一项非常繁重的工作。尤其是面对零售业多品种、小批量的订货，配送中心的作业量大大增加，若无新技术的支撑将会导致作业效率下降。与此同时，对物流服务和流量的要求也越来越高，致使一些大型连锁商业公司把拣货和分拣视为两大难题。

随着科技进步，特别是感测技术（激光技术）、条码及计算机控制技术等的导入使用，自动分拣机已被广泛应用于配送中心。我国的邮政等系统也已多年使用自动分拣设备。由于我国商品包装箱（指运输包装）上基本没有印制条码，故商业系统至今尚未认真研究运用自动分拣机。

应该看到，自动分拣机的分拣效率极高，通常每小时可分拣商品6000~12 000箱。在日本和欧洲，自动分拣机的使用很普遍，特别是在日本的连锁商业（如西友、日生协、高岛屋等）和宅急便（如大和、西浓、佐川等）领域，自动分拣机的应用更是普遍。可以肯定，随着物流大环境的逐步改善，自动分拣系统在我国流通领域将大有用武之地。自动分拣机种类很多，但其主要部件相似，基本上由下列各部分组成：

（1）输入装置。被拣商品由输送机送入分拣系统。

（2）货架信号设定装置。被拣商品在进入分拣机前，先由信号设定装置（包括键盘输入、激光扫描条码等）把分拣信息（如配送目的地、客户名称等）输入计算机中央控制器。

（3）进货装置。也称喂料器，它把被拣商品依次均衡地送入分拣传送带，同时，使商品逐步加速到分拣传送带的速度。

（4）分拣装置。它是自动分拣机的主体，包括传送装置和分拣装置两部分。前者的作用是把被拣商品送到设定的分拣道口位置上，后者的作用是把被拣商品送入分拣道口。

（5）分拣道口。它是从分拣传送带上接纳被拣商品的设施，可暂时存放尚未取走的商品。当分拣道口满载时，由光点管控制，阻止分拣商品不再进入分拣道口。

（6）计算机控制器。它是控制整个分拣系统的指挥中心。自动分拣的设施主要靠它把分拣信号传送到相应的分拣道口，并指示启动分拣装置把被拣商品送入道口。分拣机控制方式主要是脉冲信号跟踪。

三、拣货系统自动化

近年来，连锁超市和便利店的发展势头很猛，对物流作业的“拆零”需求越来越强烈，拣货、拆零的作业量已占整个配送中心作业量的80%；客户订单的品种多、小批量化，使得配货作业人手不足的矛盾非常突出。如何提高这个物流环节的作业效率，已成为配送中心机械化、自动化的研究重点。目前，医药行业、化妆品行业已广泛使用全自动拣选系统（如日本资生堂、花王、大木等株式会社），特别是连锁超市、便利店的配送中心都广泛使用电子标签拣货系统。

拣货时，只要把客户的订单输入操作台上的电脑，货架上的货位指示灯和品种显示器会立刻显示出所需商品在货架上的具体位置（即货格）和所需数量，作业人员便可将所需商品拣出并放入输送带上的周转箱中，然后按下按钮，货位指示灯和品种显示器熄灭，配齐了订单商品的周转箱由输送带送入自动分拣系统。

电子标签拣货系统自动引导货物拣选，任何人不需要经过特别的训练就能上岗作业，从而大大提高了商品拣选的速度，减轻了人工作业的强度，而且使差错率大幅度下降。

四、计算机智能化技术

计算机技术在物流领域的应用已远远超出了数据处理和事务管理的范畴，目前已跨入智能化管理阶段。例如，配送中心的配车计划与车辆调度计算机管理软件在美、日等国已商业化，它能大大缩短配车计划编制时间、提高车辆的利用率、减少车辆闲置等待时间、合理安排配送区域和配送路线等。

再如，配送中心的自动分拣系统、自动拣货系统（如电子标签拣货装置）以及自动化立体仓库的计算机控制和无线移动电脑在配送中心入库、出库、拣货、盘点、储位管理等方面的应用，真正实现了配送中心物流作业的自动化和无纸化。

第五单元
装卸搬运

学习目标

通过本单元的学习，应达到以下目标：

1．掌握装卸搬运的概念、特点及作业分类；

2．了解常见的装卸搬运机械的作用、分类及其选择；

3．掌握装卸搬运合理化的目标和原则。

思考与练习题

一、判断正误

1．装卸搬运活性是指“从物的静止状态转变为装卸状态的难易程度”。（　　）

2．叉车是物流领域最常用的机械，应用最广泛。（　　）

3．运输的起点是“装”的作业，其终点是“卸”的作业，因此装卸搬运活动在物流中占有重要地位，它本身也具有明确的价值。（　　）

4．装卸搬运是指在不同地域范围内，以改变物品的存放状态和空间位置为主要内容和目的的活动。（　　）

5．由于装卸搬运的作业内容复杂多变，因此装卸搬运环节

成为提高物流系统效率的关键所在。 ( )

6. 装卸搬运环节在物流活动转换中起承上启下的联结作用。 ( )

7. 汽车起重机属于一种专用起重机。 ( )

8. 建筑塔式起重机属于一种通用起重机。 ( )

9. 对于高层货架仓库，用高货位拣选式叉车比较适合，其起升高度一般可达 13 米。 ( )

10. 高架叉车属于一种有轨堆垛机。 ( )

二、单项选择

1. 在货物放置时要有利于下次货物的搬运，同时还要创造易于搬运的环境和包装，这种要求称之为（ ）。

A. 省力化原则

B. 消除无效搬运原则

C. 保持物流的均衡顺畅原则

D. 提高搬运活性原则

2. 省力化、连续化、集装单元化、合理利用机械等，是搬运装卸作业的（ ）。

A. 特点　　B. 提高综合效率的措施

C. 合理化内容　　D. 合理化原则

3. 确保装卸搬运作业的安全和作业人员的人身安全，严格机械设备的检修制度，作业环境应留用安全作业空间等，它属于装卸搬运作业合理化原则中的（ ）。

A. 省力化原则　　B. 连续化原则

C. 人性化原则　　D. 集装单元化原则

4. 自动化仓库或高层货架仓库必须有一个与之相适应的（ ），才能实现货物出入库的全部自动化。

A. 自动分拣系统　　B. 自动传输系统

C. 出入库平台　　D. 出入搬运系统

5. 千斤顶、手拉葫芦、电动葫芦是属于起重机械中的（ ）。

A. 轻小型类　　　　　　B. 桥式类
C. 臂架类　　　　　　　D. 升降机

6. 仓库里经常使用的汽车起重机是属于（　　）起重机械。
A. 轻小型类　　　　　　B. 桥式类
C. 臂架类　　　　　　　D. 堆垛类

7. 门式起重机属于（　　）。
A. 轻小型类起重机械　　B. 桥式类起重机械
C. 臂架类起重机械　　　D. 堆垛类起重机械

8. 下列输送机械中与其他三种不是同一类的是（　　）。
A. 气力输送机　　　　　B. 斗式提升机
C. 机船　　　　　　　　D. 辊子输送机

9. 下列不属于堆垛用起升车辆的是（　　）。
A. 平衡重式叉车　　　　B. 插腿式叉车
C. 托盘搬运车　　　　　D. 托盘堆垛车

10. 应用最广泛的叉车是（　　）。
A. 平衡重式叉车　　　　B. 插腿式叉车
C. 内燃式叉车　　　　　D. 前移式叉车

三、多项选择

1. 物流搬运技术装备的主要作用有（　　）。
A. 提高装卸效率，节约劳动力，减轻装卸工人的劳动强度
B. 缩短作业时间，加速车船周转
C. 提高装卸质量
D. 降低物料搬运作业成本
E. 充分利用货位，加速货物周转，减少货物堆码的场地面积

2. 下列输送机械中能用于中短距离需倾斜给料的机械有（　　）。
A. 带式输送机　　　　　B. 刮板式输送机

C. 埋刮板式输送机　　D. 斗式提升机

E. 辊子输送机

3. 下列属于立体仓库中运用的主要作业设备的有（　　）。

A. 有轨巷道堆垛起重机　　B. 无轨巷道堆垛起重机

C. 普通叉车　　D. 牵引车

E. 振动输送机

4. 下列活动中，属于装卸搬运作业的是（　）。

A. 运输配送　　B. 堆放拆垛

C. 分拣配货　　D. 包装加工

E. 保管保养

5. 装卸搬运技术装备的性能和作业效率对整个物流系统的效率影响很大，为了顺利完成物料搬运任务，这些装备必须适应物料搬运作业的要求。它们一般具有（　　）特点。

A. 适应性强　　B. 机动性强

C. 机动性较差　　D. 设备能力强

E. 适应性一般

四、简答（述）

1. 简述装卸搬运在物流活动中的地位和作用。

2. 装卸搬运有哪些特点？

3. 装卸搬运作业包括哪些内容？

4. 简述装卸搬运作业的分类。

5. 根据装卸搬运机械及其作业方式，可将装卸搬运作业划分为哪几种方式？

6. 装卸搬运方法有哪些？

7. 什么是单元装卸？单元装卸有哪几种方式？

8. 简述装卸搬运机械的作用和分类。

9. 选择装卸搬运机械设备要遵循哪些原则？

10. 不合理装卸搬运的表现形式有哪些？如何实现装卸搬运合理化？

11. 简述装卸搬运合理化的目标。

12. 装卸搬运合理化的原则有哪些？

五、案例分析

联合利华的托盘管理

当前产品生命周期的缩短和 JIT 订购向仓库管理者提出了挑战，德州仪器公司基于 TIRIS 无线射频识别技术（RFIT）开发的一项全新“Smart pallet”系统，利用自动化技术消除了重复分拣，并缩短了配送时间。

联合利华（意大利）公司是全球第一家使用 Smart pallet 系统的企业，现在该公司的订货处理周期缩短了 20%，员工数量减少了 1/3。目前排名第 25 位的联合利华公司生产洗发水、牙膏、洗洁精、化妆品、地板蜡和其他各种生活消费品。在安装 RFIT 系统之前，联合利化的 Elida－Gibbs 工厂每天需要 3 个工人处理 200 个托盘，现在一个仓库管理员一天就可以发送 350 个托盘，这样就可以减少托盘的堆垛和再装载工序。

德州仪器公司和一家计算机公司（Sinformat SRI）联合开发了联合利华的物流系统，该系统于 1995 年安装在位于米兰附近的 Gaggiano 工厂。Sinformat SRI 设计了基于视窗操作的计算机软件 EASYSEND，德州仪器公司开发了低频的 RFIT 系统来控制生产过程，记录产品位置，对产品称重和进行标签操作。配有无线电频率读数器的叉车在仓库装载活动中穿梭不息，这些读数器将每个托盘的状态及时传送给仓库门口的无线电应答器，然后再传送到仓库的计算机控制中心，管理人员就可以随时知道任何一笔订单所处的位置。结合半导体技术、微电子包装、计算机系统设计的 TIRIS 系统由三部分组成：无线电发射应答器、计算机系统阅读器和天线。无线电发射应答器被固定在托盘出入的仓库门口，信息阅读器和天线被安装在叉车上。

在联合利华的高科技仓库中，每一个托盘都有一个条码，通过扫描仪将信息输入仓库的程序逻辑控制器。此外，计算机还存有该托盘的详细数据：它可装货箱的数量、订单装运地点、运送的商品种类。一个托盘装载了货物后，经过第一道门口时，用薄膜包装、称重，经过最后一道门时再次称重，以确保其准确度。托盘按先进先出法进行处理，排列顺序依次输入计算机中。当托盘被放在装载底板上时，叉车上的 TIRIS 信息阅读器就开始检查、传送由门口的无线电发射应答器发出的无线电频信号，精确定位托盘。当托盘到达装货地点时，另一个无线电发射应答器就会警示计算机，托盘即将被装进拖车中，随后货车的衡量工具根据计算机系统中的数据自动比较总负荷与单个托盘的重量，若有偏差便在系统中自动记录。

联合利华公司通过对托盘的先进管理，节约了时间，减少了差错，同时也降低了物流成本。

根据案例提供的信息，请回答以下问题：

1. 请你谈谈对案例中第一句话“当前产品生命周期的缩短和 JIT 订购向仓库管理者提出了挑战”的理解。

2. 联合利华公司安装了 RFIT 系统之后，工人处理托盘的效率提高了多少？

3. 联合利华公司托盘管理的先进之处表现在哪里？

第六单元 流通加工

学习目标

通过本单元的学习，应达到以下目标：

1. 理解流通加工的概念和作用；

2. 掌握流通加工的类型与作业；

3. 了解流通加工的主要形式、内容与方法；

4. 理解流通加工合理化的含义，掌握流通加工合理化的途径与方法。

思考与练习题

一、判断正误

1. 配送加工的对象是进入流通领域的商品，不具有商品的属性。（　）

2. 配送加工，可以使配送各环节易于操作，如鲜鱼冷冻、过大设备解体、气体液化等。这种加工往往改变产品的物理状态，并不改变物理特性，并最终仍能恢复原物理状态。（　）

3. 为促进销售而进行的加工改变了产品的本体。（　）

4. 配送加工利用其综合性强、用户多的特点，可以实行合

理规划、合理套裁、集中下料的办法，这就能有效提高原材料利用率，减少损失浪费。（　　）

5. 流通加工是生产加工在流通领域中的延伸，它在生产与消费之间起着承上启下的作用。（　　）

二、单项选择

1. 配送加工是流通加工的一种，但配送加工有不同于一般流通加工的特点，它只取决于用户要求，其加工的目的（　　），但可取得多种社会效果。

A. 单一　　B. 多样
C. 繁多　　D. 较少

2. 配送企业不但可以依靠送货服务、销售经营取得效益，还可以通过（　　）取得效益。

A. 来料加工增值　　B. 来样加工增值
C. 流转加工增值　　D. 流通加工增值

3. 在流通过程中为方便销售、方便用户，增加附加价值而进行的加工活动，此种物流活动称为（　　）。

A. 流通加工　　B. 运输
C. 配送　　D. 装卸搬运

4. 根据我国近些年的实践，配送加工向流通企业提供的利润，其成效并不亚于从运输和储存中挖掘的利润，是物流中的（　　）利润源。

A. 第一　　B. 第二
C. 第三　　D. 重要

5. 配送加工方式的确定实际上是与生产加工的（　　）分工。

A. 有效　　B. 合理
C. 正确　　D. 重要

6. 将钢板进行剪板、切裁；钢筋或圆钢裁制成毛坯；木材加工成各种长度及大小的板、方等加工方式是（　　）加工。

A. 生产　　B. 配送

C. 来料　　D. 来样

7. 在食品中心将猪肉进行肉、骨分离，其中肉送到零售店，骨头送往饲料加工厂的活动属于（　）。

A. 流通加工　　B. 配送

C. 物流　　D. 输送

8. 效益观念的树立也是促使流通加工得以发展的（　）原因。

A. 第一　　B. 第二

C. 第三　　D. 重要

9. 木材进行集中配送加工、综合利用，出材率可提高到72%，原木利用率达到（　），经济效益相当可观。

A. 85%　　B. 90%

C. 95%　　D. 100%

10. 按照用户的需要对平板玻璃进行套裁和开片，可使玻璃的利用率从62% ~65%，提高到（　）以上，大大降低了玻璃破损率，增加了玻璃的附加价值。

A. 85%　　B. 90%

C. 95%　　D. 100%

三、简答（述）

1. 什么是流通加工？流通加工有哪些作用？
2. 流通加工与一般的生产加工有何区别？
3. 流通加工的内容有哪些？
4. 目前有哪些主要的流通加工形式？
5. 流通加工合理化的含义是什么？
6. 不合理的流通加工主要表现在哪些方面？
7. 怎样才能实现流通加工的合理化？
8. 实现流通加工合理化需考虑哪些因素？
9. 简述流通加工合理化的途径。
10. 列举生鲜食品流通加工的主要形式。

四、案例分析

案例 1：阿迪达斯鞋店的经营策略

阿迪达斯公司在美国有一家超级市场，设立了组合式鞋店，店里摆放的不是成品鞋，而是做鞋用的半成品，款式花色多样，有 6 种鞋跟、8 种鞋底，均为塑料制造的，鞋面的颜色以黑、白为主，搭带的颜色有 80 种，款式有百余种，顾客进来可任意挑选自己喜欢的各种部件，再交给职员当场组合。职员技术熟练，只要 10 分钟，一双崭新的鞋便呈现在顾客面前。这家鞋店昼夜营业，鞋的售价与成批制造的价格差不多，有的还稍便宜些。所以顾客络绎不绝，销售金额比邻近的鞋店多十倍。

根据案例提供的信息，请回答以下问题：

1. 阿迪达斯公司为什么取得成功？请分析原因。
2. 阿迪达斯公司采取了何种经营策略？有何好处？

案例 2：对产品的多种包装处理

FRUIT TREE 公司是一家生产各类果汁及一些水果的企业，随着零售点数目和类型的增加，果汁市场迅速地成长起来。FRUIT TREE 公司所关注的最主要的一个问题是果汁生产时的鲜度。因此，有些产品是通过冰冻或浓缩制造的。对于 FRUIT TREE 公司的大部分生产来讲，气候在决定公司能否生产出某种产品时起着十分重要的作用。

十年前，FRUIT TREE 公司的产品线是瓶装果汁和罐装水果的独立包装，所有的标签都是相同的，并且只有两种标准容器，即瓶和罐。如果你需要苹果罐头、梨罐头等，FRUIT TREE 公司将会给你提供独立的产品。

然而，在过去十年中发生了许多变化，顾客对果汁产品的需求也越来越多元化。这些多元化的需求包括：

（1）世界各地的顾客需要不同的品牌；

（2）顾客不完全为英语语种的消费者，因此需要有新的品牌和标签；

（3）顾客的消费习惯要求容器大小能有一个可变的空间；

（4）顾客对包装的要求从原来的独立包装变为现在 24 罐的不同包装；

（5）顾客对个性化品牌包装的需求呈上升趋势；

（6）大量商品不再接受标准化的托盘式装卸，而要求被重新托盘化。

在这种趋势下，公司的库存和销售出现了一些问题。单一的包装形式很难适应多元化的市场需求，从而出现了有些产品库存过多、而同类产品的其他产品却缺货的情况，因此公司需要寻求另一种方法来解决问题。

于是，FRUIT TREE 公司的管理层认识到，传统的生产、装箱、包装、打包、集合及运输入库的方法并不十分有效，问题的解决办法是重新设计对仓库的责任。这一战略将生产环节设计成为生产产品并将之放于未包装的罐或瓶上，这种产品被称为“裸装产品”。这种“裸装产品”与相关的各种瓶和罐一起被送入仓库，仓库成为了一个为托盘化“裸装产品”与瓶和罐的半成品贮存地。当顾客向 FRUIT TREE 公司提交每月的购买意向后，直到货物装车前两天，公司才会确认订单，并立即将订单安排到仓库的四条包装线上的一条上，完成最后的包装和发运工作。为了保证包装生产线的利用率，当生产线有闲余时，将生产需求量大的产品，并将其入库以备后用。

FRUIT TREE 公司通过将包装业务后置到仓储过程中完成，有效地解决了库存不均匀和生产预测的复杂问题。该公司仓库改建包装流水线的总投资约700 万美元，另外增加了 6 名包装操作员来充实包装线及安排已完工的托盘，但是库存的减少和运输成本的减少带来了 26% 的额外税后利润率。更重要的是，顾客服务的改进和对市场需求反应能力的提高，曾认为无法实现的要求现在已能顺利完成。

从上面的案例可以看出，将包装业务后置到仓储过程中完成，这就属于典型的流通加工作业。

根据案例提供的信息，请回答以下问题：

1. FRUIT TREE 公司面临的经营环境有何特点？

2. FRUIT TREE 公司遇到了什么问题？

3. 是什么原因使 FRUIT TREE 公司遭遇困境？

4. FRUIT TREE 公司采取了怎样的应对策略？有何好处？

5. 请结合本案例分析，流通加工对传统的生产加工有什么样的补充作用。

第七单元 物流信息

学习目标

通过本单元的学习，应达到以下目标：

1. 掌握物流信息的定义、功能和特征，了解物流信息的分类；

2. 掌握常见的物流信息技术及其在物流管理中的应用；

3. 掌握物流管理信息系统的定义、结构和特征，了解物流管理信息系统的分类。

思考与练习题

一、判断正误

1. 物流管理信息系统的建立能有效降低企业的运营成本。（　）

2. 物流管理信息系统是物流中心的灵魂，该系统的构建是物流中心能否发挥作用的关键。（　）

3. 先进的物流技术和先进的物流信息是提高物流能力、推动现代物流迅速发展的两个车轮，二者缺一不可。（　）

4. 物流与信息流相结合的最突出形式就是条码技术在物流

中的应用。（ ）

5. EDI技术的简称是地理信息系统，它能把图形管理系统和数据管理系统有机结合起来，对各种空间信息进行收集、存储、分析等处理。（ ）

6. 条码技术在配送领域应用的意义在于配送与信息流的结合。（ ）

7. 商品条码化和商品包装标准化是实现分拣自动化的前提。（ ）

8. 从信息特征的角度来考察保管型仓库与配送中心，其主要区别在于：前者的货物状况与信息是一致的，而后者是不一致的。（ ）

9. 配送信息管理系统应该包括仓库管理系统、车辆调度系统、配货系统和财务会计系统。（ ）

10. 物流信息不仅对物流活动具有支持保障功能，而且具有连接整合整个供应链和使整个供应链活动效率化的功能。（ ）

二、单项选择

1. 随着网络的发展，物流功能的整合正在从业务整合转向（ ）。

A. 信息整合　　B. 需求细化

C. 延伸服务　　D. 创新服务

2. 按照（ ）来分类，物流信息可以分为战略管理信息、战术管理信息、知识管理信息和运作管理信息。

A. 信息来源　　B. 信息构成

C. 管理层次　　D. 信息特点

3. 物流信息管理的目的就是要在（ ）的支撑下，把各种与物流活动有关的具体活动整合起来，增强整体的综合能力。

A. 物流系统　　B. 信息系统

C. 物流网络　　D. 物流技术

4.（ ）存在于货物的运输、储存、包装、流通加工等过程中并贯穿于物流作业始终。

A. 装卸搬运　　B. 配送

C. 物流信息　　D. 物流系统

5. 企业的部门负责人在制订中期决策时所需要的信息，如单位产品的制造成本、库存费用、市场商情等都属于（　）信息。

A. 知识管理　　B. 操作管理

C. 战术管理　　D. 战略管理

6. 下面（　）不是物流信息的特征。

A. 信息量大　　B. 更新快

C. 来源多样化　　D. 单向流动

7. 通过自动读取设备在销售商品时直接读取商品销售信息，并通过通信网络和计算机系统传送至有关部门进行分析加工以提高经营效率的系统是（　）。

A. EOS 系统　　B. POS 系统

C. 专家系统　　D. EDI 系统

8. 物流信息系统属于（　）。

A. 物流领域的管理信息系统

B. 办公自动化系统

C. MRP 系统

D. CIMS

9. 属于物流管理信息系统的典型子系统的是（　）。

A. 运输管理信息系统　　B. 客户关系管理系统

C. 公文管理系统　　D. 财务管理系统

10. 运输管理信息系统可以提供（　）信息。

A. 在途货物情况　　B. 库存数量

C. 配送成本　　D. 货物质量

11. （　）是反映物流各种活动内容的知识、资料、图像、数据、文件的总称。

A. 物流信息　　B. 物流集合

C. 物流汇编　　D. 物流情报

12. 物流调查资料整理的目的是为预测和经营决策提供（　　）支持。

A. 时间　　B. 空间

C. 数据　　D. 服务

13. EDI 的英文全称是（　　）。

A. Easy Data Interchange

B. Electronic Data Interchange

C. Electronic Data Interconnection

D. Easy Data Interconnection

14. MIS 的对象是（　　）。

A. 数据库　　B. 数据处理

C. 信息　　D. 计算机技术

15. 物流管理信息系统不包括以下（　　）功能模块。

A. 仓库管理系统　　B. 运输管理系统

C. 生产计划系统　　D. 采购管理系统

三、简答（述）

1. 简述物流信息的定义、功能与特征。
2. 简述物流信息的分类。
3. 常见的物流信息技术有哪些？各有何特点？
4. 简述常见的物流信息技术在物流管理中的应用。
5. 简述 ENA 条码的组成。
6. 简述条码在物流中的应用。
7. 简述 EDI 的构成。
8. 条码识别装置有哪些？
9. 简述物流 EDI 的运作流程。
10. GPS 有哪些功能？
11. 电子订货系统在企业物流管理中有哪些作用？
12. 企业使用 POS 系统可获得哪些好处？
13. 何为管理信息系统？管理信息系统有哪些特征？
14. 何为物流管理信息系统？物流管理信息系统有哪些

特征？

15. 简述物流管理信息系统的结构。

16. 简述物流管理信息系统的分类。

17. 物流管理信息系统包括哪些子系统？这些子系统分别具有哪些功能？

四、案例分析

案例：上海“可的”便利连锁有限公司信息系统建设

上海“可的”便利连锁有限公司的前身是上海可的食品公司，集中了上海牛奶公司下属的各部门和企业的“三产”。公司有数十家分散的门店，当初在创业时仅具备连锁经营的雏形。1996 年，公司高层做出了从事便利店业态的战略决策，由此公司走上了便利店的连锁经营之路。

一、公司原来的信息系统状况

1. 基本情况

近年来，公司门店数量逐渐增多，计算机部平均每天要为 65 家门店打单，工作量非常大。公司规定，在每天中午 12:00 以前，各门店的要货单必须送到仓库。大部分门店集中在 10:30 ~11:30 通过传真的方式传递要货信息，而有的门店则超过了 12:00 还没有传真，给货物调配工作带来了一定的难度。

此外，由于网点增多，直供商品及供应商的数量也比较多，导致计算机在结报过程中相当繁忙。为了在结报过程中减少出错，公司对门店月底结报提出了如下要求：直供商品的结算期以上月 18 日至本月 17 日为一个周期；门店在 21 日左右将各种直供商品分类结算好（涉及进价和零售价，要求与供应商核对进价等信息）；门店在 21 ~23 日将直供商品按供应商进行分类汇总后，将零售价报到计算机部。

2. 物流信息的运行过程

从物流的角度来划分，可的便利店经营的商品可以分为直供商品和总部配送供应的商品两类。

（1）门店店长根据总部提供的书面商品目录，分别向总部和供应商订货。商品目录大致3个月更换一次，期间新引进的商品和淘汰的商品以及价格变动以书面通知的方式补充。

（2）店长每天巡视货架商品和内仓的库存，决定订货商品的种类和数量，并记录在订货单上。这种手工作业的方式，完全靠店长的直观判断，因此对店长的要求非常高。而且工作量大，确定要货需要3～4小时，店长难以保证在规定时间内确定要货种类和数量。

（3）总部收到门店订货传真后，将传真数据输入计算机系统，根据计算机库存信息生成对门店配货的配送单，还要进行手工对账作业。

当时门店每次订货的品种大约为六十余种，但是仓库无法全部满足。仓库与门店之间缺乏信息沟通，仓库商品断货和到货情况门店无法知道。而门店为了防止畅销品断货，一般都会加大订货量。而对于销路一般的商品，店长则很容易忘记订货。一旦要货，数量又偏大，这往往导致门店的库存量总是偏大。此外，由于门店的传真订货单是手写的，很难保证格式统一，经常发生编码、名称、数量的错误，同时人工打单也增加了出错的机会。

（4）当初门店配备的是第二代POS机，销售时收银员按商品上的金额输入，POS机只能完成销售金额的汇总。总部每天上午由专人通过电话接收门店前一天的销售数据（金额），形成销售日报，但是由于POS机的功能所限，总部无法知道门店的销售结构（如销售商品的品类及其比例）；同时，由于订货作业采用手工方式，配送金额难以准确反映销售情况，因此不利于总部对商品的管理。

（5）总部要求门店建立台账。在结报日之前，店长一般要花两天时间汇总商品的进货数据、销售数据和盘点结果，然后填写规定格式的结报表，结报时全体门店长汇集总部，核对数据，同时补填变价金额，最终完成结报。

二、设计信息网络结构

1. 内部信息网络结构

（1）建立企业内部信息网络，完成企业管理、控制和零售等所有相关链接工作。

（2）根据条件，远程通信采用 PSTN、ISDN 和 DDN。

（3）所有门店的销售信息和商品定价策略等信息都由总部来完成（信息自动交换）。

（4）配送中心自动分析各门店的营业情况，每天晚上自动产生配送单，交付配送。

（5）配送中心自动产生补货通知单，通知供应商补货。

（6）总部结算中心根据供应商的供应能力，自动产生分析报表，决定付款和付款周期。

（7）完成内部信息系统与外部网络的联接。

2. 外部信息网络

（1）通过互联网建立企业外部网络，用于弥补由于服务项目不断增加而导致的企业内部网络的局限。

（2）利用 Webside 建成一座“桥”，用于沟通企业内部与外部的信息。

企业通过这座“桥”发布对供应商的付款通知、送货通知，确定订货量和订货周期；供应商则由此建立与可的公司的商品供应关系，获取订单并执行送货。

门店通过这座“桥”申请个性化商品的补给；同时向社会提供服务。

三、物流信息系统的功能

上海可的便利连锁有限公司的物流信息系统，具有自动配货、自动补货、自动结报和自动付款四大功能。

1. 自动配货

“可的”公司的门店全部通过自动配货系统进行配货。系统提供了两种自动配货方法：一种是销售法，即当门店账面库存量低于设定的最低库存数量时，按门店过去若干天的销售数量配货；另一种方法是上下限法，即当门店账面库存量低于设定的最低库存量（下限）时，按固定数量为门店配货，这个参数为上限。

（1）每天凌晨0:00以后，信息系统通过计算机网络自动回收门店POS机的销售数据，并自动计算出门店当时的库存量，然后进行自动配货。

（2）完成自动配货后，系统打印配货单，交仓库配货、发货。货物到达门店后，门店根据随车的配货单验货收货。

（3）使用自动配货系统，将过去的门店订货变为总部统一配货。在启用自动配货系统前，单店的平均库存金额约为12万元，实现自动配送后，单店的平均库存金额下降到了10万元以下。

2. 自动补货

经仓库配送的商品基本上是统配商品，采用自动补货系统为仓库补货。系统可以依照固定周期或仓库的库存量，按照上述自动配货方法（配送数量或上下限）自动生成订货单。供应商严格按订单送货，并附正式发票。

3. 自动结报

每月20日24:00，所有门店统一盘点。门店将盘点数据输入POS机。盘点结束，信息系统自动回收门店盘点数据，系统根据账面库存量和门店库存量计算盈亏数量。总部营运部21日根据盘点数据，抽取部分门店复核，检查盘点质量。

4. 自动付款

按照合同的规定，信息系统设置了对供应商的付款期。系统会根据进货单的填写时间（打印时间）自动计算每张发票的付款期，在公司每月的付款日自动生成付款单，经财务主管和总经理复核后付款。对部分重点供应商，公司在付款日按付款单金额直接划款到供应商账上。

四、物流信息管理的发展

物流信息系统不仅是一个物流业务操作的高效率系统，而且是一个高效率的管理系统。“可的”公司通过物流信息系统，实现了对企业经营活动的控制和管理。

1. 追踪分析门店销售业绩

(1) 管理人员通过自动信息查询报表系统，可以得到公司的各类数据、组合信息和门店的销售经营情况。

(2) 管理层开始从关心门店的日销售额和月累计销售额，逐步地关心门店本期的日均销售额、每日重要类别商品的销售额以及销售的动态趋势，了解门店所在地消费群体的特点，并调整商品结构。

(3) 信息系统的应用不仅提高了员工的计算机操作水平、业务技术水平，而且还帮助管理者开始研究利用系统的信息资源来发现管理上的问题并指导公司的经营活动。

2. 严格按数据标准进行管理

通过信息系统的建立，公司系统掌握了各种商品的销售情况。这样，“可的”公司就可以把经营的商品定期排名，进行80/20分析；还可以把商品排名作为淘汰滞销品和引进新商品的依据。

“可的”公司根据信息系统反映的商品经营成果考核销售额、毛利率、新产品的引进率、品牌商品的销售额等，还可以了解商品的缺货率、商品的库存量和周转率等。通过对这些数据的分析，可以找出公司在经营管理中存在的问题，并采取相应措施加以解决。

根据案例提供的信息，请回答以下问题：

1. “可的”公司原来的信息系统存在什么问题？

2. 经改善后，“可的”公司的信息网络结构发生了什么变化？

3. 在信息系统应用的前后，“可的”公司的配送流程有何不同？请分别画出这两种情况下的配送流程。

4. “可的”公司的信息系统具有哪些功能？它是如何运作的？

第八单元 物流系统

学习目标

通过本单元的学习，应达到以下目标：

1. 掌握物流系统的概念、特征、目标和功能模式，了解物流系统的要素；

2. 掌握物流系统的二律背反规律；

3. 理解物流系统化的内涵、目标和原则；

4. 掌握物流系统分析的基本方法和特点；

5. 了解物流系统设计与系统评价的基本思想；

6. 了解物流系统工程的核心内容与技术方法。

思考与练习题

一、判断正误

1. 物流据点是物流中心的一种形式，它具体包括港湾、铁路车站、中转仓库等。（　　）

2. 第三方物流成本之间存在着二律背反现象：减少仓库数量时，可降低仓储费用和运输费用，总的物流成本降低。（　　）

3. 铁路车站、汽车站、港口、航空港、管道站与中转仓库等都属于物流据点。（　　）

4. 降低物流成本、降低库存水平、提高顾客服务水平、缩短物流作业周期等属于设立物流系统常见的计划执行目标。（　　）

5. 物流系统所涉及的相互独立的不同企业之间进行信息交换，应根据自己企业的特点，建立自己的标准。（　　）

6. 对物流系统进行量—本—利分析时，当物流系统所实现的边际贡献小于固定成本时才能实现利润。（　　）

7. 物流系统量—本—利分析表明，若其他因素保持不变，当单价上涨时，会使边际贡献和贡献边际率上升，使物流经营状况向坏的方向发展。（　　）

8. 物流系统的模式是由输入、输出、处理和反馈等四部分组成的。（　　）

9. 在设计物流系统时需具备 P、Q、R、S、T 这几方面的基本资料。（　　）

10. 系统分析是从系统的最优出发，在选定系统目标和准则的基础上，分析构成系统的各级子系统的功能和相互关系，以及系统同环境的相互影响。（　　）

二、单项选择

1. 物流系统分析是以（　　）为目标，运用定性与定量分析方法，给予决策者以价值判断。

A. 系统的优化　　B. 系统整体效益

C. 解决特定问题　　D. 确定最佳方案

2. 物流系统设计有关基本数据的六个要素可简写为（　）。

A. PQRSTC　　B. MPSNQB

C. TNQRBP　　D. QMKHCD

3. 在物流系统中，提高物流系统效率的关键活动是（　）。

A. 装卸搬运　　B. 信息处理

C. 流通加工　　D. 包装设计

4. 物流系统设计要素中“R”表示（　）。

A. 商品种类　　B. 货物的数量

C. 货物的流向　　D. 物流成本

5. 对物流系统进行系统分析，是为了把握物流系统行为的（　　），以便对物流系统的设计、改善和优化做出正确的决策。

A. 相互作用　　B. 内在联系

C. 固有的系统特征　　D. 内在规律性

6. 物流成本效益背反的根本原因是因为物流系统具有（　）。

A. 独立性　　B. 目的性

C. 相关性　　D. 整体性

7. 物流成本交替损益的特性是指（　　）。

A. 物流各要素成本之间交替上升

B. 物流总成本随某要素成本的变化而变化

C. 物流各要素成本之间相互影响

D. 物流各要素成本之间交替下降

8. 物流系统分析在物流系统建立过程中处于非常重要的地位，它能起到（　　）的作用。

A. 系统规划　　B. 承上启下

C. 系统设计　　D. 系统实施

9. 物流系统中存在的制约关系也称（　）。

A. 一律背反　　B. 二律背反

C. 三律背反　　D. 四律背反

10. 对于物流系统的含义，下列表述不正确的是（　　）。

A. 构成物流系统的各要素达到最优，即可使整个物流系统达到最优

B. 物流系统由运输、仓储、包装、装卸搬运、配送、流通加工、物流信息等要素组成

C. 物流系统整体优化的目的就是要使输入最少，输出

的物流服务效果最佳

D. 物流系统存在一定的目标

三、简答（述）

1. 何为系统？系统的形成需要具备哪些条件？
2. 系统具有哪些功能？有哪些主要特征？
3. 何为物流系统？物流系统有哪些主要特征？
4. 简述物流系统的功能模式。
5. 简述物流系统的目标。
6. 简述物流系统的要素。
7. 举例说明什么是物流系统的二律背反性。
8. 简述物流系统化的内涵。
9. 物流系统化有哪些目标？推进物流系统化应遵循哪些原则？
10. 何为物流系统分析？物流系统分析包含哪些基本要素？有何特点？
11. 物流系统分析的要点有哪些？物流系统分析应遵循哪些步骤？
12. 何为物流系统设计？物流系统设计的要素有哪些？
13. 什么是物流系统工程？其核心内容有哪些？物流系统工程主要有哪些技术和方法？

四、案例分析

案例1：物流相关领域的规划

20世纪初，各个领域都在规划自己的发展。铁路、公路、商业、物资、外贸等都有各自的物流体系，且都有本领域的特点。但这些物流系统之间缺乏沟通和协调，很难实现系统化，一体化就更遥远了。以铁路和公路两种主要的运输方式为例，行业主管部门在规划时，大部分结点都是“分立”的。换言之，有铁路和铁路站点的地方没有规划相应的公路及公路站点，有公路及公路站点的地方没有规划铁路及铁路站点。只有少数地区同时具备了铁路、公路及其站点的条件，但也未能将两者进行“一体化”规划。仍然是你干你的，我干我的。

根据案例提供的信息，请回答以下问题：

1. 请分析这样做可能出现的弊端及其产生的后果。
2. 请提出解决问题的对策和举措。

案例 2：SGM 汽车公司的困境

上海通用（SGM）是一家中美合资的汽车公司，它拥有世界上最先进的弹性生产线，能在一条流水线上同时生产不同型号、不同颜色的车辆，每小时可生产 27 辆汽车，在国内首创订单生产模式，即根据市场需求控制产量；同时生产供应采用 JIT 运作模式。为此，该公司需实行零库存管理，所有汽车零配件的库存在运输途中，不占用大型仓库，仅在生产线旁设立小型配送中心，维持最低的安全库存。这就要求公司在采购、包装、海运、港口报关、检疫、陆路运输等各环节的衔接非常紧密，不能有丝毫差错。换言之，公司必须构筑一个有效的物流系统，才能满足生产经营的需要。

SGM 公司的市场计划周期为一周，而运输周期为 4 个月。这样一来，市场计划无法指导运输的安排，为了确保生产的连续性，该公司只能扩大其零配件的储备量，造成大量到港的集装箱积压。结果形成以下状态：加大库存量，不得不另租用集装箱场地；为解决部分新零件的供应，在库存饱和的状态下，只能采取人工拆箱，工人们 24 小时拆箱仍跟不上生产计划的进度；由于掏箱次数的增多，SGM 公司的管理信息系统混乱，无法确认集装箱的实际状态。造成了该公司的物流总成本有较大增加。

根据案例提供的信息，请回答以下问题：

1. SGM 公司的瓶颈何在？
2. 你认为如何才能解决 SGM 公司的困境？

案例3：高效物流系统——海尔生命线

作为世界著名的家电跨国公司，海尔的产品每天要通过全球5.8万个营销网点，销往世界160多个国家和地区，每月采购26万种物料、制造1万多种产品，每月接到6万个销售订单。对于海尔集团来说，高效率的现代物流系统就意味着企业内部运作的生命线，为此，海尔开始了与SAP的合作。

根据海尔的实际情况，SAP先与其合作伙伴EDS为海尔物流本部完成了家用空调事业部的MM（物料管理）模块和WM（仓库管理）模块的硬件实施。2000年3月开始为海尔设计实施基于协同化电子商务解决方案myS-AP.com的BBP（电子采购平台）项目。经过双方7个月的艰苦工作，使mySAP.com系统下的MM（物料管理）、PP（生产计划与控制）、FI（财务管理）和BBP（电子采购平台）正式上线运营。

至此，海尔的后台ERP系统已经覆盖了整个集团原材料的集中采购、原材料库存及立体仓库的管理与19个事业部PP模块中的生产计划、事业部生产线上工位的原材料配送、事业部成品下线的原材料消耗倒冲以及物流本部零部件采购公司的财务等业务，构建了海尔集团的内部供应链。由于海尔物流管理系统的成功实施和完善，构建和理顺了企业内部的供应链，为海尔集团带来了显著的经济效益：采购成本大幅度降低，仓储面积减少了一半，降低库存资金约7亿元，库存资金周转期从30天降到了12天以下。

实施和完善后的海尔物流管理系统，可以用“一流三网”来概括。“一流”是指以订单信息流为中心；“三网”分别是全球供应链资源网络、全球用户资源网络和计算机信息网络。围绕订单信息流这一中心，将海尔遍布全球的分支机构整合在统一的物流平台之上，从而使供应商和客户、企业内部信息网络这“三网”同时开始执行，同步运作，为订单信息流的增值提供了强有力的支持。

"一流三网"的同步模式实现了四个目标：为订单而采购，消灭库存；通过整合内部资源、优化外部资源，使原来的 2336 家供应商优化到了 840 家，建立了更加强大的全球供应链网络，有力地保障了海尔产品的质量和交货期；实现了三个即时（JIT），即 JIT 采购、JIT 配送和 JIT 分拨物流的同步流程；实现了与用户的零距离。目前，海尔 100% 的采购订单由网上下达，使采购周期由原来的平均 10 天降低到了三天；网上支付已达到总支付额的 20%。

根据案例提供的信息，请回答以下问题：

1．海尔为什么要与 SAP 公司合作？

2．你认为海尔成功的关键是什么？

3．海尔物流系统的高效体现在哪些地方？

4．谈谈你对"一流三网"的理解。

第九单元 企业物流

学习目标

通过本单元的学习，应达到以下目标：

1. 理解企业物流的内涵与结构，掌握企业物流合理化的措施；

2. 理解采购管理的目标与策略，掌握采购流程及企业流行的采购模式；

3. 理解供应物流的内涵，掌握进货管理的基本原则；

4. 掌握生产物流的类型、特征与组织形式，理解生产物流控制原理及生产企业现代物流解决方案；

5. 理解销售物流与销售物流服务的概念和意义；

6. 掌握订单处理的过程要素，了解销售渠道及其选择；

7. 掌握时段式 MRP 与 DRP（Ⅱ）的逻辑结构图，了解闭环式 MRP、MRPⅡ、ERP 的逻辑结构图。

思考与练习题

一、判断正误

1. 对于进货难度和风险大的进货任务，首选供应商送货的

进货方式。 ( )

2. MRP 实现资金流与物流的统一管理，把财务子系统和生产子系统结合到一起，形成了一个系统整体。 ( )

3. 一套良好的看板管理体系是精益物流系统有力的支撑体系。 ( )

4. MRP 能模拟企业的生产经营活动，根据不同的决策方针模拟出未来可能发生的各种结果。 ( )

5. 根据物流活动发生的先后次序，可将其分为供应物流、生产物流、销售物流和回收与废弃物物流。它们构成了企业物流的垂直结构。 ( )

6. ERP 是在 MRP 的基础上，体现完全按用户需求制造的一种供应链管理思想的功能网链结构模式。 ( )

7. MRPⅡ以面向企业内部信息集成为主，它侧重于企业内部人、财、物等资源的管理。 ( )

8. ERP 可以说是 MRP/MRPⅡ的扩展，但 MRP 仍然是 ERP 的核心功能。 ( )

9. 对于进货难度小以及风险小的进货任务，企业首选是第三方物流公司的进货方式。 ( )

10. 总成本最低的原则是进货管理中贯穿始终的原则。 ( )

二、单项选择

1. 精益物流系统的支撑体系是（ ）。

A. 客户关系管理　　B. 看板管理

C. 物流可视化管理　　D. 决策支持系统

2. 能帮助企业识别出在实现目标过程中存在着的制约因素，并能进一步指出如何实施必要的措施来消除这些制约因素的理论称为（ ）。

A. 快速反应法　　B. 有效客户反应法

C. 约束理论　　D. 最优生产技术

3. （ ）是一种保证既不出现缺货，又不积压库存的计划方法，解决了制造业所关心的缺货与超储的矛盾。

A. MRP　　B. MRPⅡ
C. ERP　　D. BOM

4. OPT是继MRP和JIT之后出现的又一（　）的新方式。

A. 生产组织　　B. 物流管理
C. 企业管理　　D. 财务管理

5. 在OPT的物流原则中提出使各个工序都与瓶颈工序同步，以求生产周期最短、在制品最少。这就是所谓的（　）。

A. 生产能力的平衡　　B. 物流的平衡
C. 供销的平衡　　D. 产销的平衡

6.（　）打破了MRPⅡ只局限在传统制造业的格局，并把它的触角伸向各行各业。

A. ERP　　B. MRP
C. MRS　　D. DRP

7. 精益物流系统认为（　）不仅是一种浪费，还会掩盖企业中的潜在问题，因此一定要积极地去解决这些问题。

A. 包装　　B. 存储
C. 运输　　D. 配送

8. MRPⅡ是在闭环MRP系统的基础上出现的，它是为了克服闭环MRP只解决企业生产管理方面的问题，而忽视了与生产密切相关的（　）问题。

A. 经营管理　　B. 安全管理
C. 财务管理　　D. 人才管理

9. 在进货管理中要把（　）贯彻始终。

A. 采购成本问题　　B. 提高效率问题
C. 安全问题　　D. 采购风险问题

10. 1977年，美国著名的生产管理专家奥利夫首先把（　）定义为制造资源计划。

A. MRP　　B. MRPⅡ
C. ERP　　D. JIT

11. MRPⅡ与 MRP 的主要区别就在于（ ）。

A. 信息来源不同　　B. 信息的构成不同

C. 运用经济原理的概念　　D. 运用管理会计的概念

12. 精益物流与 MRP 相比较，两者的存储水平不同，前者要（ ）后者。

A. 远高于　　B. 远低于

C. 相近似　　D. 低一些

13. 一套良好的看板管理体系可以成为（ ）物流管理模式的有力支撑体系。

A. CRM　　B. TMS

C. JIT　　D. WMS

14. 委托外包进货，就是把进货管理的任务和进货途中的风险都转移给（ ）。

A. 卖方　　B. 运输商

C. 第三方物流公司　　D. 卖方和第三方物流公司

15. 就采购管理的目标而言，一般用（ ）表述，即适当的时间、适当的数量、适当的质量、适当的价格和适当的供应商。

A. 5S　　B. 5C

C. 5R　　D. 5T

16. 企业采购一般应包括：（ ）。

A. 制造商采购和供应商采购

B. 原材料采购和零部件采购

C. 原材料采购和最终产品采购

D. 生产企业采购和流通企业采购

17. （ ）被世界普遍认为最能体现现代民主竞争精神，能最有效地促进竞争、节约资金，被国际社会确定为优先采用的采购方式。

A. 网上采购　　B. 招标采购

C. 跨国采购　　D. 远期合同采购

18. “采购的最终目的在于使企业自身具有竞争力的同时也

使供应商增加价值”，此话的含义是在强调（　　）。

A. 买卖双方你死我活的市场交易关系

B. 内部资源与外部资源的对立关系

C. 最小采购价格与最早交货期的平衡关系

D. 外部资源如何转化为有利于双方竞争力的供应链协作关系

19. 精益物流系统严格根据订货与预测组织生产，通过看板在工序间传递物料需求信息，并利用看板的权威性将生产控制权下放到各工序，因此，这种控制方式是（　　）。

A. 集中的　　B. 分散的

C. 平行的　　D. 交叉的

20. DRP 的含义是（　　）。

A. 物料需求计划　　B. 企业资源计划

C. 制造资源计划　　D. 配送需求计划

三、名词解释

企业物流　电子采购　JIT 采购　供应物流　生产物流　销售物流　销售渠道　订货周期　MRP　MRPⅡ　ERP　DRP　DRPⅡ

四、计算

1. 一批物料在加工过程中按顺序移动方式进行，已知 $n=4$，$t_i=10min$，$t_2=5min$，$T_3=15min$，$t_4=10min$，求 T 顺。

2. 一批物料在加工过程中按平行移动方式进行，已知 $n=4$，$t_i=10min$，$t_2=5min$，$T_3=15min$，$t_4=10min$，求 T 平。

3. 一批物料在加工过程中按平行顺序移动方式进行，已知 $n=4$，$t_i=10min$，$t_2=5min$，$T_3=15min$，$t_4=10min$，求 T 平顺。

4. 某企业在计划期需要采购某种钢材 500 吨，有 A、B 两家供应商的货物质量均符合企业的要求，信誉也较好。A 供应商相距企业 2.5 千米，其报价为 4100 元/吨，运费是 3.6 元/吨 · 千米，订购费用支出为 180 元；B 供应商相距企业 12 千米，其报价为3500元/吨，运费是1.5元/吨·千米，订购费用支出为360元。请通过计算确定应该选择哪家供应商。

五、简答（述）

1. 简述企业物流的内涵与结构。
2. 企业物流合理化的措施有哪些？
3. 什么是采购？采购有哪些分类方法？
4. 简述采购管理的目标。
5. 简述采购管理策略。
6. 采购业务流程包括哪些程序？
7. 传统采购流程有哪些弊端？
8. 简述采购流程的变革。
9. 目前企业流行的采购模式有哪些？
10. 什么是电子采购？电子采购有哪些优势？
11. 什么是准时采购？准时采购有哪些主要特点？
12. 全球采购有哪些优点与不足？
13. 进货方式有哪几种？简述进货管理的基本原则。
14. 生产物流有哪些基本特征？有哪些影响因素？
15. 生产物流系统的设计应遵循哪些基本原则？
16. 简述生产物流的类型。
17. 简述企业生产物流的组织形式。
18. 什么是工艺专业化？工艺专业化有哪些特点？
19. 什么是对象专业化？对象专业化有哪些特点？
20. 生产物流的时间组织方式有哪几种？
21. 什么是期量标准？简述生产物流控制的内容和程序。
22. 简述生产物流控制原理。
23. 简述生产企业现代物流解决方案。
24. 什么是销售渠道？销售渠道有哪些特征？企业在选择分销渠道时应考虑哪些因素？
25. 简述销售物流服务的构成要素及其重要性。
26. 订单处理包括哪些过程要素？

27. DRP 与 MRP 有哪些区别和联系？
28. DRP 有哪些优点与局限性？
29. 与 DRP 相比，DRPⅡ有哪些主要特点？

六、案例分析

案例 1：北京某公司的 JIT 系统

北京某家制造企业最近在产品分销中引入了准时制（JIT）系统，减少了库存，提高了利润率。该企业还引入了一套先进的计划与排程系统（APS），实现了更精确地排产，并减少了生产延迟。这套新系统使该企业极大地缩短了计划时间，降低了安全库存（用于满足不可预测需求的库存），同时省去了许多生产过程中不必要的费用。该系统每日向管理人员提交有关仍然存在生产延迟的报告，以便他们能够采取行动进一步减少生产延迟。管理人员还将得到有关生产进度预期变化的报告，以便企业能够满足波动的顾客需求。这些改进使该企业能以较低的成本向顾客提供更优质的服务，同时让员工感到参与更多、更加清楚公司的运作。目前，该企业的客户群、整体生产率和利润率都有了明显的好转，而员工的旷工次数也明显减少。

根据案例提供的信息，请回答以下问题：

1. 为什么准时制方法能帮助该企业减少库存？
2. 为什么生产计划的编制被认为是提高效率的关键因素？

案例 2：福特公司的即时制系统

20 世纪最初 20 年间，福特首先把泰勒科学管理原则应用于生产的组织过程，创立了流水线作业体系，从而奠定了现代大工业管理组织方式的基础，因此，也被称为泰勒福特制。其基本特点表现为大规模批量生产，以实现规模经济效益。这种最早应用于汽车工业的组织方式很快扩散到其他产业。在 20 世纪五六十年代创造了现代工业的“黄金时代”。进入 70 年代之后，福特制出现了严重的危机，欧美企业陷入困境，其原因并非简单的生产成本问题，更重要的是它们无法对市场的多样化需求做出更快、更适宜的反应，它所反映的是福特制的危机。

20 世纪 80 年代以来，美国、西欧及其他国家开始学习和应用日本首创的 JIT 管理方法。福特汽车公司，是美国三大汽车制造公司之一，其工厂遍及北美，生产重点在于汽车组装，依赖北美许多供应商供应零配件，于 1987 年实施 JIT。

福特公司的 JIT 生产，是以最低库存、直接针对市场需求的小批量生产，其生产设计具有迅速转产或转型的灵活性。厂房布局使得机械加工过程配合得很密切，这样能够减少材料的移运。另外，由于与零售商达成协议，因此生产计划可以很稳定。

公司的 JIT 生产需要即时制系统的支持。福特汽车公司即时制系统的特点主要表现在以下几个方面：

●厂内系统

福特公司的生产线进料领储存量，设计为保持全天所需的原材料外加半天的保险存货。除非需要安全库存的关键物品，消除大多数非生产线进料库存。大部分原料直接传递到生产线进料地点，消除大宗库存，取消库存用地。通过将物流直接传递到生产线进料地点，而取消了额外的物料管理。同时使用可退换窗口来改进搬运效率。

●包装系统

所用包装是专门为福特公司设计的，采用可折叠式包装以便于回收。减少可消耗包装的成本及其处理成本，提高包装的保护性以便于搬运；标签及文字记录的位置标准化，使得搬运快捷、准确。优化模型设计，方便运输工具及铲车作业，提高搬运效率，尤其是提高生产线进料处的搬运效率。

●运输系统

即时物流需要可靠的运输供应者。福特公司尽量减少运输承运人的数量，谈判合同包括处罚条款。随时检查承运人运输系统的可靠性，必要时用汽车运输取代铁路运输。在可能的情况下，用即时性铁路运输取代常规铁路运输。

●内向运输系统

汽车和铁路运输定时到达福特工厂，采用时间窗口进行递送。使用转动式拖车卸货，而不采用倾倒和转换式卸货，这样可消除拖车连成一串的情况，使接货的人力安排更有效，减少了卸货车辆的等待时间。采用物质循环收取的办法，以便一辆车能从若干个供应者那里收取物料，这样，重复和线路熟悉提高了效率。运输公司与福特公司每天通过计算机联网信息系统，如一个实时的电子通信系统，即物资需求系统（DMRS）来联系。另外，还利用铁路运输来发展即时性业务。

●供应商

供应商均以年度合同方式向福特公司供货。供应商掌握20天的关于福特公司每日生产需求的连续报表，以便使供货计划由每天物资需求系统来连接。每天晚上，DMRS将次日物资需求信息传递给运输公司。供应商必须随时将物资准备好以便装车。运输采用特定的集装箱、用指定的托盘并在特定的时间、窗口进行。承运人要在特定的时间和窗口提取货物，货物往往在当日或连夜运送。

●成功因素

从福特公司的成功经验来看，即时管理协调员是确保系统正常运行的关键。当供货者或承运人或福特厂家未能按计划运作时，即时管理协调员要追究其责任。另外，福特公司和供货者及承运人三方按计划运作，建立伙伴关系，履行各自的承诺。福特公司对可靠的服务支付费用，并帮助培训。

根据案例提供的信息，请回答以下问题：

1. 福特制为什么会出现危机？

2. 为配合JIT生产，福特公司采取了哪些有效措施？

3. 福特公司的供应商包括哪些？福特公司与供应商有效合作的前提是什么？

4. 简述福特公司的即时制系统与JIT生产之间的关系。

案例3：Z工具公司供应商的选择

Z工具公司设计出了一种新机器，该机器比市场上同类型的所有机器都要好。估计机器投产一年后销售额可达4000万元。该机器的最大竞争优势来源于一个独特的凸轮部件，由此可以使操作者能够快速调好设备。

为了实现机器设计方案的优势，每台机器所需要的两个凸轮的制造公差要求很小。因为几个不同圆心的零件加工比较困难，而且在中央的直径上需要一个完整的定位键，所以该零件不容易由实心棒料加工，公司最终决定用粉末冶金加工。该工具公司确定了三个可能的供应商，并且向他们发出了零件图。

供应商A位于1000千米以外，是粉末冶金领域的巨头之一。该工具公司去年向该供应商采购过另一产品的零件，供应情况一般。供应商A的报价如下：

1～10 000件　单价5.90元

10 001～20 000件　单价3.92元

20 000件以上　单价2.92元

交货期约10周，以上报价不包括每件0.12元的运输费用。

供应商B距该工具公司400千米，相对而言，是粉末冶金领域的新手，但B公司最近聘请了一位该领域经验丰富的专家。工具公司过去与供应商B在其他领域合作得很愉快，生产的产品也令人满意。

供应商B要求放宽几个尺寸的公差要求，因为其工人不能按照指定的公差加工。但是该工具公司的工程部认为要发挥凸轮的关键作用就必须按原定公差制造。

该信息反馈给供应商B后，供应商B表示退出报价。

第三个是供应商C。该工具公司以前没有同供应商C做过生意，但这次希望它就凸轮报价。供应商C是某个大型汽车公司的一个附属公司，在技术上有很好的声誉。该汽车公司正考虑在汽车生产线上采用几个粉末金属零件。供应商C的报价如下：

1～10 000 件　单价 3.24 元

10 001～20 000 件　单价 3.34 元

20 000 件以上　单价 2.88 元

交货期 10 周。供应商 C 距该工具公司 900 千米，每件需运费 0.12 元。

工具公司的采购经理觉得有必要再次努力争取供应商 B 的报价。因此，采购经理亲自和供应商 B 讨论这一问题，并且了解到该厂能够进一步提高中心孔的精度，这样几乎可以保证凸轮外径表面的累积误差满足指定公差要求。工程部同意相应修改零件图，允许凸轮表面适当放宽公差要求。在这个基础上，供应商 B 提出如下报价：

1～10 000 件　单价 7.90 元

10 001～20 000 件　单价 5.35 元

20 000 件以上　单价 3.88 元

交货期 10 周～12 周，另外每件还需要运费 0.05 元。

至此，报价全部收到，同时机器其他零件的制造也都有了保证，最终装配安排在 12 周之后。

评审以上三个报价，很明显供应商 B 的成本相对较高。采购经理电话通知供应商 B 要求其对成本进行复审。

修改后的报价单如下：

1～10 000 件　单价 7.20 元

10 001～20 000 件　单价 2.80 元

20 000 件以上　单价 2.12 元

根据案例提供的信息，请回答以下问题：

1. 公司在选择供应商时应考虑哪些因素？

2. 在选择供应商时考虑的成本因素由哪些部分组成？

3. 根据案例提供的成本数据，请计算每个供应商的供货价格，如果仅考虑成本因素，公司应考虑选择哪个供应商？若选择该供应商可能会导致哪些风险？

4. 请结合案例分析，该公司应选择一家供应商还是多家供应商？请说明理由（包括选择一家供应商和选择多家供应商的优势与劣势）。

5. 请结合案例陈述企业间建立战略伙伴关系的重要性。若长期合作，哪家供应商会受益？

案例4：西邦公司的销售物流体系

西邦公司是华东地区的一家热水器制造企业。虽然该公司技术比较先进，产品质量好，品种系列比较全，但在进入市场初期的1998年，由于消费者对该品牌比较陌生，加之国内热水器市场竞争比较激烈，销售量比较小，各种型号产品的年销售量不到40 000台。西邦公司为了迅速扩大市场，提高产品销售量，采用了“广开渠道，大量铺货”的策略。在北京、上海、广州、武汉、成都等五个中心城市，设立了自己的区域销售分公司。在当时不适合或暂时没有设立销售分公司的其他20多个省会城市，都是采用在当地寻找代理商的形式来销售产品。销售物流采用分段负责、各自承担的方式：总部在接到各销售分公司和代理商的要货申请后，根据各自的销售情况或授信额度，直接从位于华东地区的工厂发货，主要以公路和铁路运输的方式，偶尔也会采用空运方式，运输商由总部确定，费用由总部承担；各销售分公司和代理商都是独立的，除了负责在当地的销售外，还负责当地的配送、安装和售后服务等。这些货物发到各销售分公司和代理商后，都不得归各销售分公司、代理商管理和支配，所以他们在当地都设有规模大小不等的仓库，保存和管理着包括正品机、样机、配件、辅料、赠品和不良品等上百个品种。

两年以后，西邦公司热水器产品在国内的年销售量达到90 000台。并且，市场特点也发生了很大变化，客户除了对产品质量有要求外，对服务质量的要求也很高，公司管理层感到满足这些服务要求的难度越来越大。此外，公司总部还发现销售物流管理中存在很多问题，其中比较大的问题有以下几个：

一是许多地区经常发生断货，并且补货速度慢、成本高。尤其是西部地区，距离该公司总部工厂比较远，虽然与断货地区相邻的分公司或代理商有相应的品种型号，但包括该公司总部在内相互之间却无权调用，所以只能从工厂直接发货。由于距离远而批量小，要货又比较急，就造成补货速度慢且成本高。

二是退货率居高不下，与公司3‰以内的退货率目标相去甚远。一个典型的例子是在某个地区，年销售2500台左右，而退货率达到12%左右，在这些退货当中，由于产品质量原因造成的比例极小，往往是因为对当地市场把握不准或积压过久而退货。大量退货给公司造成很大损失，公司管理层虽然很不情愿，但又缺乏控制的手段。尤其在销售比较好的地区，该公司总是因不愿或不敢得罪代理商而只好接受那些不应该接受的退货。

三是物流相关成本太高。除了由于各分公司要购买配送车辆、租用仓库、招聘物流人员等这些显性的物流成本外，还有在各销售分公司和代理商的仓库中保有的大量库存是另一个惊人的隐性成本。并且公司总部对这些具体的库存量不能及时掌握。

四是存在管理漏洞，使公司面临财务风险。有分公司经理就在当地以亲属的名义开了一家该品牌热水器的专卖店，专卖店没有支付任何货款就可以拿到货，并且销售的货款可以长期占用，滞销或卖不出去的热水器又可以无条件退货。后来公司总部通过调查发现，不只是一个分公司有这种情况，使公司总部意识到问题很严重。

考虑到业务的发展和物流管理中存在的问题，公司高层拟引入第三方物流公司，通过第三方物流公司提供“一体化”的全程物流服务，重新构建销售物流体系。

根据案例提供的信息，请回答以下问题：

1. 西邦公司在进入市场的初期，采用“广开渠道，大量铺货”的策略，你认为是否正确？为什么？

2. 西邦公司销售物流管理中存在很多问题，你认为这些问题的根本原因是什么？

3. 你认为西邦公司拟通过第三方物流公司提供“一体化”的全程物流服务来重新构建销售物流体系的想法是否可行？为什么？

4. 如果你是西邦公司选中的第三方物流公司的高级业务经理，请你帮助该公司设计一套新的销售物流体系。

5. 请结合产品生命周期（PLC）理论，谈谈公司应如何进行销售物流管理及渠道建设。

第十单元 第三方物流

学习目标

通过本单元的学习，应达到以下目标：

1. 掌握第三方物流的概念、特征和优势；
2. 了解第三方物流的产生、现状与发展；
3. 了解我国第三方物流企业的分类及其评价指标体系；
4. 理解物流外包及其与第三方物流的关系；
5. 掌握物流外包决策方法；
6. 掌握第三方物流服务商的评估与选择方法；
7. 掌握第三方物流的运作模式。

思考与练习题

一、判断正误

1. 一体化服务商在行业中通常被称为第三方物流服务提供商。（　）

2. 所谓货主企业主要是指生产制造企业，它们是物流业发展的源动力。（　）

3. 虽然第三方物流企业不参与商品的买卖活动，但它拥有

商品。（ ）

4. 货主企业的运营成本和费用是物流企业物流成本的转移。（ ）

5. 制造业物流是物流业发展的源动力，而流通业是连接制造业和最终客户的纽带。（ ）

6. 第三方物流企业在经营运作中可实现规模经济和范围经济。（ ）

7. 第三方物流属于自营物流。（ ）

8. 第三方物流是提供第三方物流服务的企业，其前身一般是运输业、仓储业等从事物流活动及相关的行业。（ ）

9. 第三方物流企业不仅拥有商品，而且参与商品的买卖活动。（ ）

10. 第三方物流是在委托方物流需求的推动下，为其提供以合同为约束、以结盟为基础的、系列化、个性化、信息化的物流代理服务。（ ）

二、单项选择

1. 想要实现第三方物流企业对客户的增值服务，取决于物流服务中的运输服务、仓储服务和其他功能的（ ）。

A. 信息化程度　　B. 作业规范化程度
C. 综合程度　　D. 业务市场化程度

2. 从现代意义上讲，第三方物流兴起于 20 世纪 80 年代后期的（ ），不久迅速在其他发达国家崛起。

A. 美国　　B. 日本
C. 英国　　D. 德国

3. 企业利用第三方物流，可使企业专注于提高（ ）。

A. 经济效益　　B. 核心竞争力
C. 竞争力　　D. 社会效益

4. 第三方物流企业如果要实现优质、高效的物流服务并取得丰厚的利润，必须具备物流目标系统化、物流信息电子化、物流作业规范化、物流业务市场化、（ ）等基本条件。

A. 物流组织网络化　　B. 物流经营全球化
C. 物流企业规模化　　D. 物流服务一体化

5. （　　）是物流业发展的源动力。
A. 制造企业物流　　B. 商品流通企业物流
C. 物流企业物流　　D. 货主企业物流

6. 具有经营管理机构，能独立签发物流服务单证，具有与经营能力相适应的自有资金和具有承担物流服务合同义务的能力，是（　　）应具备的条件。
A. 流通经营企业　　B. 物流委托企业
C. 物流服务商　　D. 传统物流业

7. 企业在进行供应、生产、销售、回收等过程中所发生的费用属于（　　）
A. 制造企业物流成本
B. 流通企业物流成本
C. 第三方物流企业物流成本
D. 第四方物流企业物流成本

8. 物流企业通过（　　）的物流服务，降低货主企业物流运营成本，从中获得利润。
A. 网络化　　B. 智能化
C. 专业化　　D. 系统化

9. 不属于物流业务外包风险的是（　　）
A. 物流失控风险　　B. 财务风险
C. CRM 风险　　D. 连带经营风险

10. 不属于第三方物流特征的是（　　）
A. 市场买方化　　B. 服务个性化、综合化
C. 合作联盟化　　D. 信息网络化

三、计算

目前，许多货主企业已纷纷实施物流业务外包。表 10.1 是 CC 公司 M5 厂成品库到 SC2 营业所的产品调拨吨位及第三方运输成本数据。假如你是该公司的物流经理，请以一月份的运量

为例，通过计算说明如何确定第三方物流公司的报价是否合理。

表 10.1　CC 公司 M5 厂 SC2 营业所产品调拨吨位及第三方运输成本数据

月份	运量(吨)	M5 到 SC2 的里程(单位:千米)	100
一	837.38	一般运输车辆吨位(单位:吨)	15
二	504.1	养路费(单位:元/吨·月)	180
三	736.57	运营规费(单位:元/吨·月,全年只缴 10 个月)	47
四	784.95	保险费(单位:元,只有第三责任险)	12 000
五	723.11	二级维护与年审(单位:元/年,含排污、车船使用税等)	1500
六	987.98	车辆购置费(单位:元)	200 000
七	735.45	车辆折旧期(单位:年,按直线折旧法计算)	8
八	658.04	车辆油耗(单位:升/100 千米)	30
九	1086.05	目前平均油价(单位:元/升)	6.88
十	436.98	司机工资(正副驾驶,单位:元/月)	1800
十一	219.83	车辆平均维修费(单位:元/千米)	0.25
十二	412.93	高速公路收费(此吨位车辆,单位:元/辆)	190
合计	8195.38	普通公路收费(此吨位车辆,单位:元/辆)	80

四、简答（述）

1. 什么是第三方物流？怎样理解“第三方”？

2. 第三方物流有哪些特征？与企业自营物流相比，第三方物流有哪些优势？

3. 第三方物流是怎样产生的？我国第三方物流的发展现状怎样？主要存在哪些问题？

4. 我国第三方物流未来的发展趋势怎样？

5. 我国第三方物流企业可按照哪些标准来分类？有哪些类别？

6. 什么是物流业务外包？物流业务外包有哪些形式？有什么风险和障碍？如何降低这些风险和障碍？

7. 物流外包与第三方物流之间有何关系？
8. 怎样进行物流外包决策？
9. 怎样选择第三方物流服务供应商？
10. 第三方物流的运作模式有哪些？

五、案例分析

案例1：“大众包餐”公司的困惑

“大众包餐”是一家提供全方位包餐服务的公司，由上海某大饭店的下岗工人李杨夫妇于1994年创办，如今已经发展成为苏锡常和杭嘉湖地区小有名气的餐饮服务企业之一。“大众包餐”的服务分为两类：递送盒饭和套餐服务。盒饭主要由荤菜、素菜、卤菜、大众汤和普通水果组成。可供顾客选择的菜单有：荤菜6种、素菜10种、卤菜4种、大众汤3种和普通水果3种，还可以定做饮料佐餐。尽管菜单的变化不大，但从年度报表上来看，这项服务的总体需求水平相当稳定，老顾客通常每天会打电话来订购。但由于设施设备的缘故，“大众包餐”会要求顾客们在上午10点前电话预订，以便确保当天递送到位。在套餐服务方面，该公司的核心能力是为企事业单位提供冷餐会、大型聚会，以及一般家庭的家宴和喜庆宴会。客户所需的各种菜肴和服务可以事先预约，但由于这项服务的季节性很强，又与各种社会节日和国定假日相关，需求量忽高忽低，有旺季和淡季之分，因此要求顾客提前几周甚至1个月前来预定。大众包餐公司内的设施布局类似于一个加工车间。主要有五个工作区域：热制食品工作区，冷菜工作区，卤菜准备区，汤类与水果准备区，以及一个配餐工作区，专为装盒饭和预订的套菜装盆共享。此外，还有三间小冷库供储存冷冻食品，一间大型干货间供储藏不易变质的物料。由于设施设备的限制以及食品变质的风险制约了大众包餐公司的发展规模。虽然饮料和水果可以外购，有些店家愿意送货上门，但总体上限制了大众包餐公司提供柔性化服务。李杨夫妇聘用了10名员工：两名厨师和8名食品准备工，旺季时另外雇佣一些兼职服务员。

包餐行业的竞争是十分激烈的，高质量的食品、可靠的递送、灵活的服务以及低成本的运营等都是这一行求生存谋发展的根本。近来，大众包餐公司已经开始感觉到来自愈来愈挑剔的顾客和几位新来的专业包餐商的竞争压力。顾客们愈来愈需要菜单的多样化、服务的柔性化，以及响应的及时化。李杨夫妇最近参加了现代物流知识培训班，对准时化运作和第三方物流服务的概念印象很深，这些理念正是大众包餐公司要保持其竞争能力所需要的东西。但是他们感到疑惑，大众包餐公司能否借助于第三方的物流服务。

根据案例提供的信息，请回答以下问题：

1. 大众包餐公司的经营活动可否引入第三方物流服务？请说明理由。

2. 大众包餐公司实施准时化服务有无困难？请加以解释。

3. 在引入第三方物流服务中你有何建议？

案例2：ABC仓储企业的转型

某地有一中转仓库是以仓储业务为主的中小型流通仓库。进入20世纪90年代以后，该仓库领导意识到，若一直停留在传统储运业务上，早晚要被社会淘汰。为此，仓库领导积极探索新的业务领域，试图向现代物流转型。早在1997年公司就成立了配送中心，该配送中心依靠原仓库拥有的几辆货运卡车，以送货服务为主，开展货物的配送。但收入并不理想，仓库面貌变化也不大。

进入21世纪，仓库领导进行了充分的调查研究，反复论证，分析了仓库所处的社会环境和经济环境，在此基础上，重新组建了物流配送中心，将原来仓库内部的汽车运输业务进行了剥离。依托仓库的大客户其库存不占用仓库资产的有利条件，建立起运输信息系统，充分利用社会对配送业务的需求，做到运输车辆不空载。配送业务逐渐扩大，收到了良好的经济效益。

例如，公司原大客户“牡丹电视”的库存就占据了库房近 1 万平方米的面积，每月周转近 2 次，其全国性配送业务量很大。但原来“牡丹电视”的配送业务是由另一家公司代理的，该仓库只负责储存。公司成立新的配送中心后，通过公关，迎合了客户对配送要求高、成本低的要求，获得了“牡丹电视”的配送业务权。他们提供了优质的配送服务，使货物安全及时地到达目的地，受到了客户的好评。同时，他们又积极拓展其他商品的配送业务，尤其是对一些技术含量与成本都很高的大件货物的配送业务。这些配送业务，一般的仓库都不愿意接受，而该配送中心克服了重重困难，积极开展了大件货物的配送，逐渐地，配送业务收入成为仓库营业收入的重要组成部分。

根据案例提供的信息，请回答以下问题：

1. 为什么该公司早在 1997 年就成立了配送中心，但直到 21 世纪配送业务才真正开展起来？

2. 你认为传统仓储企业要向现代物流企业转型，应该具备哪些基本条件？

3. 你认为现代物流企业应具备哪些标志？

资料链接

物流经验：世界物流巨头的运作和盈利模式

世界十大物流巨头包括 UPS（联合包裹）、FedEx（联邦快递）、DPWN（德国邮政世界网）、Maersk/A. P. Moeller（马士基）、Nippon Express（日本通运公司）、Ryder（莱德系统公司）、TPG（荷兰邮政集团）、Expeditors（宝明企业）、Panalpina（泛亚班拿集团）、Exel（英运物流集团）。

以下是世界十大物流巨头的运作和盈利模式分析：

一、业务特征

世界十大物流巨头的业务结构呈现以下特征：

(1) 美国物流企业占据主导地位。世界十大物流企业中美国占有五家，其中包括前两家最大的公司UPS和FedEx，同时，这五家公司的收益之和占前十大物流企业收益的2/3，由此可见美国物流企业在全球物流市场上占有举足轻重的地位。物流市场的发达程度在一定程度上与经济发达程度成正比。

(2) 十大成功物流企业中，以空运、快递、陆运等业务为主的公司居多。如UPS的陆运和空运业务分别占54%和19%，FedEx的空运和公路运输业务分别占83%和11%，日本通运的汽运和空运业务分别占44%和16%，TNT的邮递和速递业务分别占42%和41%，Panalpina的空运和海运业务分别占45%和31%。

(3) 业务的地区性集中化程度高（即本土化程度高）。如UPS的美国国内业务占其整个业务的89%，FedEx的美国国内业务占76%，DPWN的欧洲业务占其总业务的70%以上，TNT在欧洲的业务占总业务的85%，日本通运本土化程度达到93%。

(4) 十大物流企业中绝大部分是资产基础型企业，大多数拥有物流设施和物流网络。

因此，从业务结构来看，在进军现代物流行业的诸路大军中，具备快递、空运等快运业务背景的综合企业将拥有巨大潜力。

二、组织结构

目前，世界大型物流公司大多采取事业部制，采取总部集权式物流运作，实行业务垂直管理，实际上就是一体化经营管理模式（只有一个指挥中心，其他都是操作点）。从实践上讲，现代物流需要一个统一的指挥中心、多个操作中心的运作模式，因为有效控制是现代物流的重要保证。

从物流业务的内容来看，每项内容并不复杂，但协调整个过程的服务必须建立一个高效而又权威的组织系统，能控制物流实施状态和未来运作情况，并能及时有效地处理衔接中出现的各种疑难问题和突发事件，也就是说需要有一个能力很强、指挥很灵的调控中心来对整个物流业务进行控制和协调。各种界面和各种决策必须联系在一起，才能创建出一个优良的作业系统。

如果各部门都强调自己是利润中心，考虑问题总是将成本与最大利润联系起来，这样对外报价肯定无竞争性。所以，从事物流业务、承担全程服务时，只能有一个利润中心，其他各个机构、各个部门都应该是成本中心，一切听从利润中心的指挥，一切为利润中心服务，一切以利润中心的利益最大化为目标。

可以说，没有一个坚强的指挥中心和内部有机连接的运行网络，是搞不出真正意义上的物流的。真正的现代物流必须是一个指挥中心、一个利润中心，企业的组织结构与体制等都要与一个中心相符。一方面，要求分部坚决服从总部，总部对分部有高度的控制力，分部在运作上要做到专业化、流程标准化。

另一方面，总部必须具有强大的指挥、设计能力、高度准确地把握市场需求的能力以及控制风险的能力。要做到这一点，离不开对市场的快速反应能力，必须以信息化、网络化为保证。在现代物流管理与运作中，信息技术与信息网络扮演着一个十分重要的角色，甚至就是公司形象和核心竞争力的标志。因此，大型的专业物流企业通常都设有运作管理系统、质量保证系统、信息管理系统和客户管理系统。

三、盈利模式

通过分析世界物流前十强，我们发现非资产型物流公司的盈利能力明显强于资产型物流公司，而且具有竞争力的核心业务是物流管理和供应链管理。其中，物流设计、控制、组织、协调能力是其竞争的基础。

首先，具有代表性的竞争手段包括：高度重视物流解决方案的设计；在服务操作上严格执行统一的服务标准；坚持严格的质量管理制度；以信息技术和信息网络贯穿整个物流服务过程。

其次，十大成功物流企业中，以空运、快递、陆运等主营业务为主的公司居多，而且规模大、盈利能力强，这充分说明时间敏感性强的运输服务在物流行业的成长空间大，发展前途好。

再次，尽管非资产型物流公司盈利快，但在世界物流前十强中仍以资产型物流公司居多，特别是既拥有大量的物流设施、网络，又具有强大的全程物流设计能力的混合型公司发展空间最大。

世界物流前十强在业务结构、运作模式、盈利模式上具有诸多优势，值得我们去认真研究、分析，特别是这些著名物流企业的成功之处，比如拥有较大的营运规模，建立有效的物流网络，拥有指挥能力强、控制能力强的管理层，拥有高水准的物流技术和装备、拥有强大的财务资源以及卓有成效的经营策略等，值得我们中国物流企业或正在向物流转型升级的企业学习、借鉴。

思考：

1. 世界十大物流巨头为什么能取得成功？

2. 世界十大物流巨头哪些方面值得中国企业借鉴？

第十一单元
物流组织与管理

学习目标

通过本单元的学习，应达到以下目标：

1. 掌握物流组织的形式与设计原则；

2. 理解物流服务的内涵、特征与关键绩效指标，掌握物流服务水平的确定方法；

3. 掌握物流质量管理的内容、特点及提升策略；

4. 理解库存的概念、成本与利弊，掌握库存管理方法与控制技术；

5. 理解物流成本及相关理论，掌握物流成本的核算方法；

6. 了解物流标准化。

思考与练习题

一、判断正误

1. 有效物流管理的目标，就是要在高服务水平的同时，使得物流成本达到最低。 （ ）

2. 物流成本与服务之间存在“此消彼长”的二律背反关系。 （ ）

3. 物流客户服务的基本特点是：产品的可得性、运作速度、运作绩效和服务的可靠性。 (　　)

4. 库存在企业的采购、供应、生产和销售各物流环节中起着稳定作用。 (　　)

5. 通常周转率高的商品，其毛利率也高。企业可以依据商品的这种属性，来制定不同商品的库存策略。 (　　)

6. 物流成本核算是物流成本管理的中心环节，只有做到"心中有数"才能搞好成本管理。 (　　)

7. 定期订货法库存控制的关键在于确定订购周期和最大库存量。 (　　)

8. 物流质量管理是企业全面质量管理的重要一环，其核心是物流服务质量管理。 (　　)

9. 为客户提供个性化的物流服务，就是增值物流服务。 (　　)

10. 由于市场是千变万化的，商品的需求量也在不断地变化，配送中心只有将商品储存量无限放大，才能以不变应万变，极大地满足顾客的需要。 (　　)

11. 目前，ABC 成本法被认为是确定和控制物流成本最有效的方法。 (　　)

12. 物流服务质量与物流成本两者之间的关系适用收益递减规律。 (　　)

13. 企业若因订货批量决策失误，发生缺货，以至不能满足客户需求而造成损失的成本，称为废弃成本。 (　　)

14. 在库存分类管理中，ABC 分类法比 CVA 管理法有更强的目的性，因此，大多数企业采用 ABC 分类法进行库存管理。 (　　)

15. "物流成本冰山说"、"黑大陆学说"以及"第三利润源"等学说都是由日本早稻田大学的西泽修教授提出的，这些学说对于研究物流成本理论起到了启迪和动员作用。 (　　)

16. 从货主企业的角度观察物流服务的话，物流服务属于企业顾客服务的范畴，亦称为物流商品。 (　　)

17. 物流成本的综合管理和控制，就是要将物流成本管理系统与日常控制系统结合起来，形成一个不断优化的物流系统的循环。（　　）

18. 定量订货法库存控制的关键在于确定订购点和订货量。（　　）

19. 从“第三利润源”学说中，人们应该认识到：物流活动和其他独立的经济活动一样，它不仅仅是“成本中心”，而且可以成为“利润中心”。（　　）

20. 商品毛利率与周转率成反比，通常周转率高的商品，其毛利率低。企业可以依据商品的这种属性，来制定不同商品的库存策略。（　　）

二、单项选择

1. 想要实现第三方物流企业对客户的增值服务，取决于物流服务中的运输服务、仓储服务和其他功能的（　　）。

A. 信息化程度　　B. 作业规范化程度

C. 综合程度　　D. 业务市场化程度

2. 对于较贵重物品、需要实施严格管理的重要货物应采取（　　）方法进行库存控制。

A. 定量订货库存控制

B. 定期订货库存控制

C. 需求驱动精益供应库存控制

D. 准时生产制库存控制

3. 对于那些品种多、通用性强、单价较低，但需求预测较困难的物品，在进行库存控制时适合使用（　　）。

A. 定期订货法　　B. 定量订货法

C. 准时化管理　　D. 供应商管理法

4. 在定期订货法中既是安全库存水平的决定因素，又是自动确定每次订货批量的基础的指标是（　　）。

A. 订货周期　　B. 订货点

C. 最大库存水平　　D. 产品需求量

5. 物流系统各环节标准化的（　　），是建立物流标准化体系必须体现的要求，是衡量物流标准化体系成败的重要标志。

A. 统一性　　B. 系列性

C. 通用性　　D. 配合性

6. 要对库存进行有效的管理和控制，首先要对存货进行处理，采用（　　）可以达到分清主次、抓住关键。

A. ABC 分析法　　B. JIT 管理法

C. CVA 管理法　　D. ABC 和 CVA 法相结合

7. 定量库存控制是指库存量下降到（　　）时，按固定的订购数量进行订购的方式。

A. 订购点　　B. 订购批量

C. 安全库存量　　D. 最低库存量

8. 定期库存控制方法的关键在于确定（　　）。

A. 最大库存量　　B. 订购周期

C. 订购点　　D. 订购周期和最大库存量

9. 物流标准化是指以（　　）为对象，围绕运输、储存、装卸、包装以及物流信息处理等制订、发布和实施有关技术和工作方面的标准。

A. 物流系统　　B. 物流活动

C. 供应链　　D. 物流企业

10. 各种物流服务的基本功能，特别是运输、仓储、信息集成、存货管理、订单处理、物料采购等功能最可能成为增值服务延伸的（　　）。

A. 核心　　B. 起点

C. 终点　　D. 加油站

三、名词解释

物流服务　商品完好率　订单满足率　库存　安全库存　ABC 分类法　存货控制　EOQ　EQI　QC　物流成本　物流作业成本法　物流标准化

四、计算

1. 某物流中心在2010年9月份收到800份订单，总发货量为1.8万吨，其中，624份订单是按客户要求的时间发运并交货的。由于种种原因导致950吨货物延迟发运。客户为解决货物的短缺，又向该中心补充发送了50份紧急订单，中心组织人力，在12小时内完成了36份。现对该中心的订单处理进行评价，请计算订单延迟率、订单货物延迟率和紧急订单响应率，并提出提高紧急订单响应率的主要措施。

2. 某企业A商品的成本为300元，单位A商品的年储存费用为其成本的20%，单位采购费用为20元，年需求量为3650单位。求经济订货批量。

3. 斯科特是一家医用针头供应商，该公司采用订货点法控制库存。这种针头的年需求量是1000单位，订购成本是每次10美元，每年每单位的持有成本为0.5美元。若安全库存为3天，订购备运时间为4天，求订货点及最佳订货批量。

4. 某商业企业的X型彩电年销售量为10 000台，订货费用为100元/次，每台彩电年平均储存成本为10元/台，订货提前期为7天，安全库存为100台。求订货点和经济订货批量。

5. 某超市的花生食用油平均日需求量为186瓶，此食用油的需求情况服从标准差为9瓶/天的正态分布。若提前期是固定常数4天，而且客户服务水平不低于98%，请计算该种食用油的安全库存量是多少？（98%的客户服务水平对应的安全系数为2.05）

6. 某超市某种婴儿奶粉的需求量和订货提前期都随机变化并服从正态分布，且需求量和提前期相互独立，平均日需求量为65罐，标准差为12罐/天，平均订货提前期为3天，标准差为1天。若客户服务水平不低于97.7%，请问该超市婴儿奶粉的安全库存量应该为多少？（已知97.7%的客户服务水平对应的安全系数为2）。

7. 某钢材超市对钢丝绳采取定量订货法控制其库存。钢丝绳的需求量和订货提前期都随机变化并服从正态分布，且需求量和提前期相互独立。钢丝绳的日需求量为 80 公斤，标准差为 10 斤/天，平均提前期为 5 天，标准差为 1 天，若要求客户服务水平不低于 90%，则该超市钢丝绳的安全库存量应为多少？(90% 的客户服务水平对应的安全系数为 2)

五、简答（述）

1. 物流组织设计的原则有哪些？
2. 物流运营组织机构的基本形式有哪些？各有何优缺点？
3. 简述物流服务的内涵与特征。
4. 简述物流服务对企业经营的重要意义。
5. 如何确定物流服务水平？
6. 物流服务的关键绩效指标有哪些？怎样计算？各有何意义？
7. 简述物流质量管理的内容、特点与方法。
8. 简述物流质量管理水平的提升策略与举措。
9. 库存有哪些分类方法？有何利弊？
10. 库存成本包括哪些构成部分？
11. 简述库存管理的内涵与目标。
12. 简述库存管理方法与库存控制技术。
13. 简述库存管理的评价指标及其内涵。
14. 简述库存管理方法。
15. 何为“零库存”？“零库存”管理有何意义？如何实现？
16. 如何进行库存控制？
17. 如何理解物流成本？有哪些分类方法？
18. 加强物流成本管理有何意义？
19. 简述物流成本管理相关理论。
20. 简述作业成本法的基本原理。
21. 简述物流作业成本分析的步骤。
22. 简述物流成本管理与控制系统的构成。

22. 如何将物流成本从会计资料中剥离出来？如何进行物流成本核算？

23. 简述我国物流标准化现状及对策。

六、案例分析

案例1：某大型化工企业的物流运营组织机构设计

一、案例背景

某大型化工企业1938年建厂，现有员工一万余人，占地330万平方米，固定资产20亿元。主要生产烧碱、聚氯乙烯、糊状PVC、一氯化苯、环氧氯丙烷、盐酸、液氯等多种产品，型号齐全、质量优良，产品行销全国各地，并出口美国、日本、澳大利亚、中国香港及东南亚等十几个国家和地区。

该公司的物流业务主要涉及供应物流、生产物流和销售物流，原来这些物流业务分属于各个职能管理部门。由原料科负责原材料的采购，其中原料一科负责电石和丙烯小料助剂的采购，而原料二科负责酒精、燃煤、纯苯、冰醋酸、硫酸、重晶石、燃油的采购。原材料储存的管理由各材料仓库负责。生产过程中的物流组织由生产计划部门负责。而销售物流分别由销售部门的四个科室分别组织，其中销售一科负责烧碱、盐酸、液氯、氯化钡、硫氢化钠、碳酸锶产品的销售与物流组织；销售二科负责聚氯乙烯、PVC新产品的销售与物流组织；销售三科负责氯油、氯仿、DDT、一氯化苯、氯乙烷、环氧氯丙烷产品的销售与物流组织；销售四科负责水泥、熟料等产品的销售与物流组织。

现在，公司希望通过对这些业务进行重组，成立专门的物流管理部门，对物流过程实行系统管理。在新的物流运营方案中，新成立的物流部主要负责供应物流与销售物流的组织，而生产物流没有包括在其中，这主要是因为生产物流与生产工艺流程、厂区布置，特别是生产作业计划和作业排序等有关，所以生产物流过程仍然由生产部门来组织管理。

二、物流管理部门的职能

单独设计的制造企业物流部门主要负责供应物流与销售物流的组织，具体来说，其职能主要包括：

（1）原材料采购。包括原料与各种辅助材料的采购计划、采购订货以及与供应商之间的关系协调等；

（2）采购运输的组织管理。组织原材料采购的运输、接收并组织入库；

（3）原材料库存管理。各种原辅材料的贮存管理、库存量控制、存货盘点等；

（4）原材料配送。对生产所需要的主要原料的配料、下料，组织对制造车间的供应，而对于生产过程中所需要的各种辅助材料以及机料消耗，可以按照 JIT 供应的原则，按照每个生产工位的实时需求，由原材料仓库对其实施及时的供应配送；

（5）产成品库存管理。产成品入库的接收、产成品库存管理、存货盘点等；

（6）销售运输的组织与管理。按照销售部门的销售合同或其他相关信息，组织对客户的产品运输，并进行发货后的追踪管理。

其中，前四项职能主要是与采购供应物流相关，而后两项职能与销售物流相关。

三、组织机构的设置及职能划分

该公司物流部门的组织机构设计如图 11.1 所示。

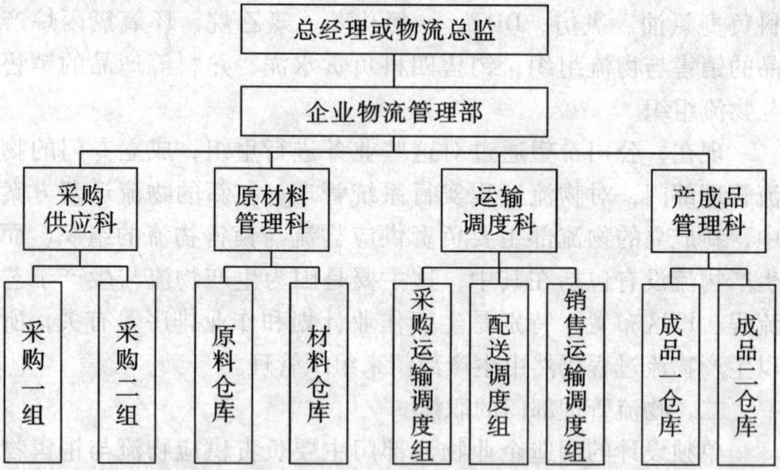

图 11.1　某大型化工企业物流部门组织机构图

1. 采购供应科的基本职责

采购供应科内设科长一人，分两个采购组，每个采购组各设采购主管一人，每组设采购员若干人。采购供应科的基本职责包括：

（1）分析公司原材料市场品质和价格等行情；

（2）寻找各种原料和辅助材料来源，对每项物料的供货渠道加以调查和掌握；

（3）与供应商洽谈，建立供应商的有关资料档案；

（4）要求供应商报价，进行议价，有能力进行估价，并做出比较；

（4）明确采购所需的原辅材料；

（5）查证进厂物料的数量与品质；

（6）对供应厂商的价格、品质、交期、交量等做出评估；

（7）掌握公司主要物料的市场价格起伏状况，了解市场走势，加以分析并控制采购成本；

（8）以采购合同或协议控制协调交货期；

（9）呆料和废料的预防和处理。

2. 原材料管理科的基本职责

原材料管理科下设若干个原材料仓库，仓库按原材料的品种分类。科室中设置科长、库存管理员和配送管理员岗位，而在每个材料仓库，设置仓库主管、信息协调员、仓库管理员及配货员、搬运工等岗位。在供应物流的组织上，采用“集中采购、集中库存、统一配送”的管理模式，在各生产作业点和二级分厂内不留库存，由材料仓库根据每天的实时生产需求，实施对作业点的送料制度，通过仓库统一的 JIT 配送来降低原材料库存量，加强原材料的管理。原材料管理科的基本职责与工作内容包括：

（1）各种原辅材料的验收入库；

（2）各种原辅材料的日常储存管理；

（3）定期盘点在库货物，掌握货物的消耗动态，保证账实相符；

（4）对储存货物进行日常的科学养护；

（5）根据生产需求信息实施对生产作业点的配货和送货工作；

（6）做好各种货物的收发结存记录工作。

3．产成品管理科的主要职责

在产品销售上，实行“商流（业务流）”与“物流”的分离管理。销售部门组织客户的销售工作，而由物流部门配合销售部门做好销售物流的管理以及产成品库存的管理，这样有利于物流部门有效地实施对产成品库存的控制，避免销售部门片面追求销售而忽视产成品库存管理的缺点。

产成品管理科按产品的种类设置相应的几个产成品仓库。在岗位设置上，管理科设科长、信息管理员岗位，各个产成品仓库设仓库主管、库存管理及信息协调员、出入库管理员、搬运工等岗位。产成品管理科的主要职责与主要工作包括：

（1）产成品的验收入库；

（2）各种产品的日常储存管理；

（3）定期盘点产成品，掌握产品的库存动态，保证账实相符；

（4）对产品进行日常的科学养护；

（5）根据销售部门的要求组织出货；

（6）与运输管理科、销售部门协调组织具体的发运工作；

（7）做好各种货物的收发结存记录工作；

（8）如果有外地产成品库存，应做好外地库存的管理工作。

4．运输管理科的主要职责

运输管理科主要负责原材料采购、厂内配送和产成品销售的运输组织。主要岗位包括科长、采购运输管理员、配送信息管理员、销售运输管理员、车辆调度员、司机等。运输管理科的主要职责包括：

（1）运输车辆的管理与维护；

（2）配合采购供应科做好有关原材料的进货运输工作；

（3）配合原材料管理科做好内部原材料配送运输工作，配合产成品管理科和销售部门做好销售物流的运输工作；

(4) 运输过程中的有关保险工作；

(5) 做好各种运输用车的台账记录工作，以满足物流管理需要。

根据案例提供的信息，请回答以下问题：

1．该大型化工企业的物流部门设置了何种类型的运营组织机构？

2．什么是业务流程重组？该公司为什么要进行物流业务流程重组？

3．业务流程与组织机构之间是什么关系？

4．简述该公司物流管理部门的主要职能。

案例 2：XYZ 物流有限公司分权式事业部经营组织机构设计

一、案例背景

XYZ 物流有限公司是一家大型、专业的第三方物流服务企业，客户分布在全国各地，服务范围遍及全国乃至全球。它根据客户的业务要求在全国范围内提供服务，并最终建立全球性的物流服务网络，为客户提供整个供应链的物流服务。

XYZ 物流有限公司定位于一体化物流解决方案提供商，专注于一些特定的行业，通过对行业知识的深入了解和行业物流服务经验的积累，运用先进的物流理念和技术手段，为客户提供定制的物流与供应链解决方案，实现优化运输、仓储及其他增值服务。其业务运营的最主要特点是致力于大客户的开发，为大客户提供一体化的供应链物流服务，每个大客户的物流运营相对比较独立，有时也可以称之为签约物流运营模式。

二、XYZ 物流有限公司的组织机构

基于公司为大客户提供一体化物流服务且每个客户的物流运营相对独立的特点，公司针对每个大客户实行事业部管理体制，即以每个大客户成立一个事业部，实行相对独立的经营管理和独立核算。由于大客户遍布在国内各个省市，因此，公司每开发一个大客户，就可以根据客户的地域或物流服务需要在当地成立一个相应的分公司，该分公司就是一个相对独立的事业部，主要为该客户提供物流服务。每个分公司是一个独立的利润中心，这是一种典型的按照客户设立事业部的管理模式。每个分公司执行客户的物流运营业务，而总公司则主要负责信息服务、客户开发和总公司的财务管理业务，而不参与物流业务的具体运作。中国 XYZ 物流有限公司的组织机构如图 11.2 所示。

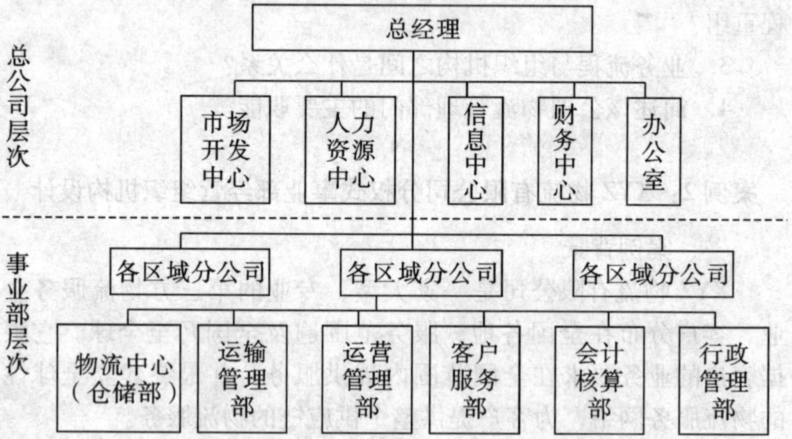

图 11.2　中国 XYZ 物流有限公司的组织机构

（一）公司总部各部门职责

XYZ 物流有限公司总部主要负责大客户物流市场开发和签约、提供物流管理信息系统及其相关技术支持、总公司的财务核算和财务管理，以及各区域分公司之间的物流运营协调管理等事务。总公司与大客户签约之后，成立区域分公司（事业部），具体的物流运作和客户服务由各分公司完成，总公司各个部门并不过多地参与每个客户的物流运作。具体来说，总公司各部门的职责分工如下：

（1）市场开发中心。负责物流市场开发。根据市场定位，在电子、医药、汽车配件等行业，在经济发达地区开拓物流业务，然后拓展到全国，与大型企业通过签订物流服务合同，向企业提供一体化物流服务。需要指出的是，在实施分权式管理的大型物流企业中，市场开发的功能及管理也可以由各区域分公司自己来完成。

（2）信息中心。信息中心负责物流管理信息系统的建立与维护，负责定制化物流管理软件的开发，负责向客户提供信息技术支持，实现客户企业 ERP 与物流管理信息系统的对接。

（3）财务中心。财务中心负责总公司的财务核算，公司内部结算，与客户之间的业务费用结算等工作，并对全公司实行投资、筹资、利润分配等财务管理。

（3）人力资源中心。负责公司人力资源管理，制定人力资源管理政策。同时，也把部分人力资源管理权限下放给各事业部，并对各事业部的人力资源管理进行监督和指导。

（二）分公司（事业部）各部门职责

各个分公司（事业部）一般设在客户所在地区，便于为客户提供服务，有利于与客户进行沟通。它是公司为客户提供服务的业务执行部门，主要职责包括：物流运作和管理监控、物流作业调度和协调、物流作业、客户管理、物流合作伙伴的选择与管理等。具体来说，各部门职责包括：

（1）运营管理部。负责定期接收签约客户发货计划或市场预测报告，合理调配区域分部的物流资源，以便为客户提供最高品质的物流服务；根据客户服务项目要求，制定相关作业流程，选择外包递送作业合作伙伴；物流服务质量管理与控制。

（2）客户服务部。负责客户联络，异常处理，协调客户关系，客户查询服务等。

（3）物流中心（仓储部）。负责接收客户的货物并储存，根据客户的需求，组织对外发货。具体来说，物流中心的职能包括接货、仓储保管、分拣配货、包装、打印发货单据、打印条码、粘贴单据与条码、发货、配送等。

（4）运输管理部。根据客户需求，从物流中心组织货物向各地发运，寻找稳定的运输合作伙伴并进行管理，组织管理自有运输力量等。

（5）会计核算部。负责本事业部的财务核算与财务管理、成本核算与成本控制、与总公司之间的内部结算等。

（6）行政管理部。负责本事业部对内对外的事务管理、人员工资福利管理、后勤管理等。

根据案例提供的信息，请回答以下问题：

1. 请结合案例说明，物流公司在什么情况下采用集权式组织机构形式？在什么情况下采用分权式组织机构形式？

2. 你是怎样理解利润中心和成本中心的？两者的区别在哪里？彼此间又有何联系？

3. 你是如何理解物流公司为客户提供定制的物流与供应链解决方案的？

4. 物流公司为客户提供物流解决方案与提供供应链解决方案有什么区别？

案例评析：

在该案例中，每个分公司都是一个独立经营的实体，每个分公司的组织机构都相当于一个独立的公司组织机构。而总公司只负责整个网络的规划、市场开发及指导以及信息技术支持等工作，而不参与具体的物流运作。这种分权式运营模式，各地分公司均是利润中心，总公司可以通过预算来控制各地的财务。

XYZ 公司采用分权式管理的主要原因在于，各区域分公司服务于不同的大客户，业务上存在相对的独立性，所以可以有效地实施这种事业部管理模式。但是，对于许多大型物流企业而言，各地分公司之间在物流业务上存在着很多的联系，这样就需要进行统一的指挥、协调和管理，因而就不一定适合采用分权式管理模式，而要采用集权式的组织管理形式。在这种情况下，物流公司的总部将掌握物流管理和运作的大部分权力，各个分公司构成的网络节点只是物流运营的各个作业点，分公司一般就是一个成本中心，客户直接与总部进行财务结算。例如，总部设在上海的某中外合资物流公司的运营组织机构就属于集权式管理组织机构形式，如图 11.3 所示。

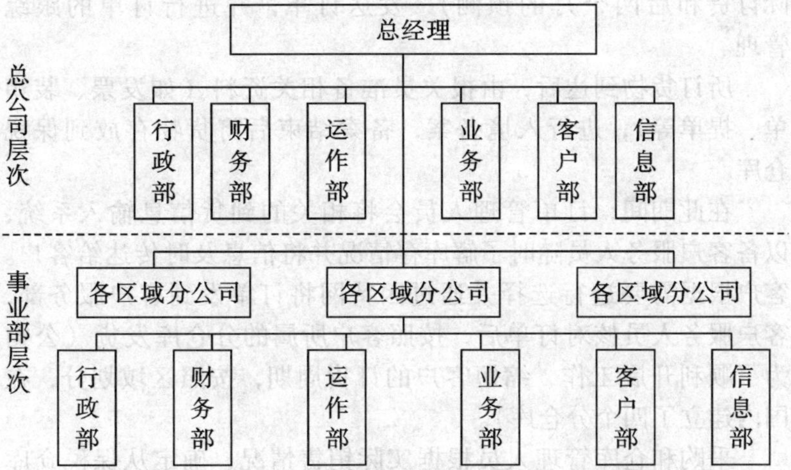

图 11.3　上海某中外合资物流公司的运营组织机构

在该组织结构图中，公司总部机构设置比较健全，包括行政、财务、运作、业务、客户服务和信息等部门。与图 11.2 所示的组织机构不同的是，该公司总部设置了运作部，负责整个公司的物流运作管理，实际上，该运作部本身并不具备物流作业功能，而是通过它所领导的分公司来完成物流运作。分公司实际上是在总公司运作部的直接领导下工作的，是公司物流运作的作业层次。分公司本身不承担市场开发功能。

案例 3：ABC 公司的困惑

ABC 公司主要从事复印机耗材和零件的进口和销售业务，进行国际贸易及区域贸易代理，并为中国地区用户提供复印机耗材和零部件的供应。

为了使公司更具竞争力，2010 年公司专门设立了物流部门，下设采购、仓储、报关、客户服务等几个分部。物流部门的大致工作流程如下：

采购部门每月根据销售部门提供的销售计划，结合前三个月的实际销量和现有库存情况制订订货计划（包括一个月的实际订货和后两个月的预测），发送订单，并进行订单的跟踪管理。

所订货物到达后，由报关员准备相关资料（如发票、装箱单、提单等），进行入境备案，备案结束后将货物存放到保税仓库。

在此期间，订单管理人员会将相关的到货信息输入系统，以备客户服务人员随时了解库存情况并将信息及时传达给客户。客户根据需要进行选择并通过因特网将订单发到客户服务部，客户服务人员核对订单后，按照客户所属的分仓库发货（公司为了顺利开展工作，缩短客户的订货周期，按照区域划分，在国内建立了四个分仓库）。

采购和仓库管理人员根据实际销售情况，确定从保税仓库报关调入国内仓库的机器类型与数量，再由客户服务部门的客户订单信息和即时销售信息确定调拨到各分仓库的数量和种类。

影响物流工作效率的因素包括：

（1）销售预测的不准确性；

（2）市场的进一步扩大和销售策略的改变；

（3）每种复印机的零件超过2000种，除了常规的耗材外，其他零件根本无法预计销量和预备库存量。

一直以来，以上问题困惑着物流部门的日常运作。由于物流部和销售、技术、市场等各部门都有非常密切的联系，如果在该环节上出现问题，将会对公司的整体运转产生难以估量的损失。

根据案例提供的信息，请回答以下问题：

1．对该公司来说，怎样才能做到既有效地预防库存积压和缺货，又能满足市场需求？

2．怎样设定零部件的安全库存量，防止缺货从而提高客户满意度？

案例4：UPS的特色物流服务

一、公司基本情况

美国联合包裹服务公司（UPS）始建于1907年，是一家百年老字号企业，也是美国经济的支柱企业之一。经过近一个世纪的运营，它已经由一家拥有技术的货车运输公司，演变成拥有货车的技术型公司。公司每天有1200万件包裹和文件的运送量，每天还需租用300多架包机。公司在美国国内和世界各地建立了18个空运中转中心，每天开出1600个航班，使用机场610个。目前UPS有34万名工作人员，为分布在全球200多个国家和地区的客户提供门到门的收件、送件服务，UPS每日上门取件的固定客户已逾130万家。目前UPS的固定资产达126亿美元，在全球快递业中独占鳌头。UPS的成功来源于UPS在数字时代来临时紧紧抓住了发展电子商务这一良机，实现了由传统物流企业向电子物流企业的跨跃。

二、UPS物流服务的特色

UPS的经营之所以取得巨大成功，和它提供有特色的物流服务是密切相关的。主要表现在以下几个方面：

（1）快捷的递送服务。UPS规定，对于国际快件务必保证在3个工作日内送达目的地；对于国内快件则保证在翌日上午8点半以前送达。为了检测公司的递送速度是否快捷，UPS的总裁曾经做了一次试验，他于某周的星期三从北京向美国的公司总部给自己寄一个包裹，星期五当他回到亚特兰大公司总部上班时，包裹已出现在他的办公桌上。在美国国内，当工作人员接到客户电话后，可在1小时内上门取件，并当场用微型电脑办理好托运手续。20世纪90年代，UPS又在180多个国家开设了提供24小时服务的“下一航班送达”业务。UPS坚持“快速可靠”的服务准则，在国际上享有“物有所值的最佳服务”的盛誉。

（2）代理和信息服务。从20世纪80年代末期起，UPS投资数亿美元建立起全球网络和技术基础设施，为客户提供报关代理服务。UPS 建立的“报关代理自动化系统”，使其承运的国际包裹的所有资料都进入这个系统，这样，通关手续在货物到达海关之前即已办完。UPS 共拥有 6 个通关代理中心，每天办理 2 万个包裹的通关手续。UPS 的电脑化通关为企业节省了时间，提高了效率。

(3) 即时追踪服务。UPS 的即时追踪系统是目前世界上快递业中最大、最先进的信息追踪系统。所有交付货物都能获得一个追踪条码，货物到哪里，这个系统就跟到哪里。这个追踪系统已经进入全球互联网络，每天有 1.4 万人次通过网络查询他们的包裹的行踪。非电脑网络客户可以用电话询问“客户服务中心”，路易斯维尔的服务中心昼夜服务，200 多名职员每天用 11 种语言回答世界各地的客户大约 2 万次电话询问。

(4) 先进的包裹管理服务。UPS 建立的亚特兰大包裹“信息数据中心”可将 UPS 系统的包裹的档案资料从世界各地汇总到这里。包裹送达时，员工借助一个类似笔记本电脑的“传递信息读取装置”，摄取客户的签字，再通过邮车上的转换器，将签名直接输送到“信息数据中心”，由此投递实现了无纸化作业。包裹送达后，有关资料将在数据中心保存 18 个月。这项工作使包裹的管理更加科学化，同时也提高了 UPS 服务的可靠性。

(5) 包装检验与设计服务。在 UPS 设在芝加哥的“服务中心”的数据库里，抗震的、抗压的、防泄漏的各种包装案例应有尽有。服务中心还曾设计水晶隔热层的包装方式，为糖果、巧克力的运输提供恒温保护；坚韧的编织袋，为 16 万台转换器提供了经得起双程磨损的包装材料。这类服务为企业节省了材料费和运输费，被誉为“超值服务”。

案例评析：

一、UPS 的服务特点

UPS 的服务特点如下：

1. 物流服务快捷化。UPS 有覆盖全球的配送网络，能够随时随地为客户提供方便、快捷的服务。

2. 服务注重增值化。UPS提供的增值服务有代理报关、信息服务、包装检验与设计服务、货物即时跟踪服务等。

3. 具体操作物流信息系统化。UPS有一整套提供电子商务物流服务的系统，UPS在实现中发现要为客户真正的提供安全可靠的便捷化服务，一套完整的物流管理信息系统是不可缺少的。根据实际的运作情况设计其物流管理信息系统，物流信息管理系统的采用促进了服务质量的提高与业务的拓展。

二、启示

UPS的现代化运作给中国企业的启示是：

1. 大部分中国企业有待提高服务质量，目前中国的大部分的物流企业在为客户提供服务时，客户的满意度不是很高，其主要原因是货物没有在规定的时间里按质按量地送到，在这方面，需加大力度提高服务质量。

2. 注重多种服务的组合，增值服务的不断扩展。中国传统的物流企业提供的服务中形式较为单一，一般为纯运输或仓储，其增值服务就更不用说了。在以后的发展中，其流通加工、包装、报关等增值应受到重视。

3. 根据实际需要自身设计或购置，联合开发一套较为实用的信息管理系统，提高服务的软硬件。

案例5：JC PENNEY公司物流质量管理的创新

一、公司配送中心的基本情况

JC PENNEY公司位于俄亥俄州哥伦布的配送中心，每年要处理900万种订货，或每天25 000笔订货。该中心为264家地区零售店装运货物，无论是零售商还是消费者的家，该配送中心都能做到在48小时之内把货物送到所需的地点。哥伦布的配送中心有200万平方米设施，雇用了1300名全日制员工，旺季时有500名兼职雇员。JC公司接着在其位于密苏里州的堪萨斯城、内华达州的雷诺以及康涅狄格州的曼彻斯特的其他三个配送中里成功实施了质量创新活动，能够连续24小时为全国90%

的地区提供服务。

二、质量管理创新

JC 公司管理者感到真正的竞争优势在于优质的服务；管理部门认为，这种服务的优势应归功于20 世纪80 年代中期公司该公司所采取的三项创新活动：即质量循环、精确至上以及激光技术。

（一）质量循环：小改革解决大问题

1982 年，JC 公司首先启动了质量循环活动，以期维持和改善服务水准。管理部门担心，质量服务的想法会导致管理人员企图简单地花点钱来“解决问题”。然而，代之这些担心的是经慎重考虑后提出的一些小改革，解决了工作场所中存在的一些主要问题，其中包括工人们建议创建的中央工具库，用以提高工作效率和工具的可获得性。

（二）精确至上：不断消除物流过程的浪费

精确至上的创新活动旨在通过排除收取、提取和装运活动中存在的缺陷，以提高服务的精确性。因此，提供精确的顾客信息和完成订货承诺被视为头等大事。显然，在该层次上讲求服务的精确性，意味着该公司随时可以说出某个产品项目是否有现货，并且当有电话订货时，便可以告知对方何时送货上门。该公司需要提高的另一个精确性与在卖主处提取产品有关。为了确保产品在质量和数量上正确，JC 公司针对每次装运中的某个项目，进行质量控制和实际点数检查。如果存在着差异，将对订货进行100% 的检查。与此同时将对2.5% 的装运进行审计。订货承诺的完成，需要把主要精力放在提高精确性上，为此，该公司配送中心经理罗杰·库克曼说：“我们曾一直在犯错误，想在商品预付给顾客之前就能够进行精确的检查。”但问题是，在质量循环中是否已找到了解决问题的办法，或者能够对该过程进行自动化处理。对此，库克曼感到：“只有依赖计算机系统，人们才有能力进行精确的检查。”于是，该公司开始利用计算机系统进行协调，把订购商品转移到“转送提取”区域，以减少订货提取者的步行时间。

（三）激光扫描技术：用科技改进质量管理

第三项质量管理创新活动是应用激光扫描技术，以 99.9% 的精确性来跟踪 230 000 个存货单位的存货。JC 公司密尔沃基配送中心最初是用手工来处理各种产品项目的储存和跟踪的，接着便开始用计算机键盘操作替代手工操作，这一举动使产品项目的精确性接近了 80%。而扫描技术则被看作是既提高记录精度，又提高记录速度的手段。但是，刚开始启动扫描技术时的结果并不理想，因为一系列的扫描过程需要精确读取每一个包装盒子上的信息。然而，在某些情况下，往往需要扫描四次才能够读取到息。看来，JC 公司需要一种系统，能够按每秒三次的速度，从任何角度读取各种包装尺寸的产品信息。于是，公司内部的系统支持小组优化了硬件和软件来满足这一目标要求。其结果是，该配送中心的四个扫描站耗资 12 000 美元，削减了每个扫描站所需的 16 个键盘操作人员。

三、质量管理创新需要协调员工与技术的关系

看来，“加重工作”的质量循环与“减轻工作”的技术应用之间，会产生一种有趣的尴尬境地。JC 公司需要在引进扫描技术的同时，还要保持其既得利益和改进成果。然而，该公司在时间上的选择却是完美的。因为公司在大举扩展的同时，将需要增加雇员。于是，该公司便告诉其雇员，技术进步将不会导致裁员。

结合案例，请回答以下问题：

1．企业物流质量管理应如何处理好人员与技术追究的关系？

2．对质量的认识在不断发展，物流在不断发展，企业怎样才能确定有效的质量管理战略？

3．在供应链体系中，如何统一多个企业的质量标准和管理制度？

4．从质量管理角度分析，应如何协调和统一柔性化物流服务与精益化物流服务？

5．你认为应如何协调贯彻质量标准体系与企业文化建设之

间的矛盾？

6. 怎样推动企业质量管理创新？

案例评析：

一、基本特点

1. 更新质量管理观念：让质量的小改革循环起来

提高管理水平是一个渐进的过程，是从小变到大，从量变到质变的过程，该公司明确了重点，进行一系列小的质量改进工作，积少成多，积小成大，终于解决了主要问题。而且，这是效率高、成本低的质量管理改进方法。

2. 在过程中改善质量：追求精确至上的质量管理流程

把物流服务的精确性与物流运作的精确性结合起来，有机地融合到质量管理过程中，不断消除物流过程的浪费和缺陷，不断优化物流过程的程序和运作方法，不断提升服务质量标准，追求质量的改善和完美。

3. 创新质量管理方法：应用现代技术提升质量管理能力

质量标准是不断发展的，质量管理同样需要发展。如何通过质量管理创造新的效益，创造更高水平的管理能力，是企业管理的重要问题。只有运用现代高新技术才能够有效地促进企业质量管理发展。

4. 协调企业人机矛盾

该质量管理过程已反映出人机之间的矛盾，借助于企业发展的机遇较好地加以了解决。

二、启示

一直以来，质量管理是我国广大企业关注和重视的问题，创造了许多行之有效的管理方法。但是，质量管理是无止境的发展过程，需要企业在经营活动中不断完善。JC公司在质量管理中创新的方法和经验值得我们学习：

第一，质量管理是日常管理工作，需要关注小的地方，认真对待每一个问题，坚持天天改造，实现天天改进；第二，质量管理需要有不断更新的观念和方法，面对新环境和新的需要，企业质量管理会有新的改变，只有更新思想，创新方法，才能实现企业质量管理目标。第三，积极探索和引用现代技术来推动企业质量管理的发展；第四，协调企业内部各部门、各环节、各种资源要素之间的关系，成企业高效有序的质量管理运行机制，协调企业外部的相关关系，为企业质量管理创造良好的发展环境。

案例6：运用TPL降低物流成本

一、企业背景介绍

CC集团是一家家电企业，2001年下半年以前，其产品配送一直采用自营模式，该模式将商流与物流相结合，把商品配送活动作为企业的一种商业促销手段而与商品交易活动紧密联系在一起。因此，各地销售部门均要建立并管理属于自己的仓库，从而导致CC在JX省内租用了7个中小型仓库，分布在省内7个不同的城市，最小仓库面积为200平方米，最大的为1000平方米。从2001年下半年开始，CC集团对其下游物流配送体系进行了改革，将原有配送模式从自营模式转变为第三方物流代理配送模式，在华中地区由TPLs代理其在JX省境内开展某品牌家电产品及其配件的整体物流业务，同时，对仓库布局重新进行了规划：在NC市设立区域中心仓库（RDC），覆盖JX省中南部和东部地区的配送；在JX省北部的JJ市设立一个调节仓库（DC），覆盖JX省西北部地区的配送。

二、CC集团两种物流模式下物流成本的分析与比较

（一）物流成本构成

配送过程中的物流总成本一般由三个部分组成：运输成本、库存成本和管理成本。同时，根据被调研企业的运输形式，将运输过程分为干线运输和区域配送两个阶段。产品从生产基地到区域配送中心为干线运输；从区域配送中心到终端客户为区域配送，故运输成本又包括干线运输费用和区域配送费用。库存成本要考虑三个方面的因素：存货的资金成本、仓库的使用

费用和库存作业费用。存货的资金成本则根据银行利率和库存占用资金计算得到。仓库使用费用在自营配送模式下为每个月固定的租金，CC 集团每半年与仓库所有者签订一次租赁合同，费用比较稳定。而在 TPL 代理配送模式下，则与每个月 CC 产品的库存数量相关。库存作业费用在两种模式下均与产品出入库数量有关。

物流管理费用包括三个方面：库存管理成本、管理信息费用和单据处理费用。由于在两种配送模式下，企业均是租用第三方仓库，故库存管理成本主要是仓库管理人员的工资。同时，通过分析调研，发现管理信息费用和单据处理费用均与库存管理成本相关，故管理信息费用和单据处理费用可按比例由库存管理成本计算得到。

（二）两种模式下物流成本比较及分析

1. 物流总成本比较

根据 CC 集团 2001 年 1 月到 2002 年 4 月的物流成本数据，对两种配送模式下的物流成本进行了比较。两种配送模式下的物流成本数据见表 11.1。

表 11.1　两种配送模式下物流成本数据　单位：元

项目	自营配送	TPL 代理配送	节约费用	节约百分比(%)
运输成本	156 566.68	154 603.82	1962.86	1.3
干线运输	147 556.18	109 308.16	38 248.02	25.9
区域配送	9010.50	45 295.66	−36 285.16	−402.7
库存成本	79 302.86	44 002.39	35 300.47	44.5
资本成本	58 581.86	19 457.29	39 124.57	66.8
仓库租金	17 875.00	15 328.50	2546.50	14.2
库存作业	2846.00	9216.60	−6370.60	−223.8
管理成本	12 660.00	3120.00	9540.00	75.4
仓库管理	12 000.00	3000.00	9000.00	75.0
管理信息	600.00	60.00	540.00	90.0
单据处理	60.00	60.00	0.00	0.0
合计	248 529.54	201 726.21	46 803.33	18.8

从表 11.1 中可以看到，CC 集团在采用 TPL 代理配送模式后，物流总成本降低了 18.8%，物流总成本的三个构成部分均有不同程度的下降，其中运输成本降低 13%，库存成本降低 44.5%，管理成本降低 75.4%。降低幅度最大的项目是物流管理成本，其中管理信息费用的降低主要依赖于 TPLs 拥有完善的管理信息系统，该系统建立在基于 Internet 的电子商务平台上，可以让客户在网上进行远程指令下达、货物状态查询、异常作业处理等，提高了配送过程中信息传递的速度和准确性。而仓库管理费用的降低则主要是 CC 集团有效地利用了 TPLs 专业化的物流管理，减少了不必要的人员设置。虽然物流管理成本在总的成本构成中所占的比例不大，但说明了采用 TPL 代理配送模式有利于企业提高管理水平，集中主要精力于自己的核心业务。

2. 两种模式下单位物流成本比较

表 11.1 给出的是 CC 集团在 JX 省配送业务的总成本，表中数据并没有直接体现出配送模式变化前后，单位产品物流成本的变化情况。事实上，由于物流与商流分离，在实施 TPL 代理配送策略后，CC 集团的销售部门就只从事商品的交易活动，集中精力于核心业务，使 JX 地区的销售量有了明显的提高，该品牌产品的月销售量增加了约 45.4%。仓库管理成本是固定投入，不随产品销售量的变化而改变，同时，管理信息费用和单据处理费用在物流总成本中所占比例很小，分摊到单位产品上的金额可以忽略不计。表 11.2 给出了两种配送模式下单位产品物流成本的对比情况。

表 11.2　两种配送模式下单位产品物流成本的比较　单位：元

项目	自营配送	TPL 代理配送	节约费用	节约百分比(%)
运输成本	83.85	57.03	26.82	32.0
干线运输	79.12	40.32	38.80	49.0
区域配送	4.83	16.71	-11.88	-246.0
库存成本	42.52	16.32	26.20	61.6

表 11.2（续）

项目	自营配送	TPL 代理配送	节约费用	节约百分比(%)
资本成本	31.41	7.18	24.23	77.1
仓库租金	9.58	5.65	3.93	41.0
库存作业	1.53	3.40	-1.87	-122.2
合计	126.47	73.35	53.12	42.0

可以看到，考虑了销售业绩的变化后，单位产品的物流成本节约了42%，其中费用降低最多的库存资金成本，达到了77.1%。这表明实施 TPL 代理配送策略后，能够有效地提高仓库利用效率，缩短库存周转期，从而可以有效地缩短整个供应链的多阶响应周期。事实上，JX 地区的成品库存周转期由自营配送模式下的95天，缩短到 TPL 代理配送模式下的20天，仅为前者的21.1%，库存资金成本也随之下降。区域配送成本的增加是企业为缩短配送周期，提高客户服务水平而付出的代价：在自营配送模式下，单件、小批量的订货由于运输成本问题一般不会单独进行配送，而是将几次订货积累在一起，然后成批进行配送，导致配送周期被人为地延长；而在 TPL 代理配送模式下，对于这种情况一般采用零担运输（LTL）的方式，将单件、小批量的订货与其他货物一起配送，充分发挥了运输的规模优势，并保证了区域配送的及时性，有效地缩短了配送周期。对 CC 集团而言，其品牌产品在 JX 省内任何一个地方的配送周期均小于48小时，NC 市及周边县市的配送周期则更是不超过6小时。库存作业成本的增加则是企业为保证产品在运输过程中的完好性、物流信息的准确性而付出的代价。

从 CC 集团的运作中，我们清楚地看到，采用第三方物流，企业可以有效地缩短供应链反应周期，对市场需求做出快速反应，使企业将资源和能力集中于核心业务，有助于企业培育核心竞争力。而且，在缩短供应链反应周期的同时，企业的物流成本也得到了控制，不论是物流总成本，还是构成物流总成本的几个部分，都有不同程度的下降。

三、管理启示

运输和库存在供应链管理中占有重要地位，这两个相互关联的活动占据了配送体系成本的绝大部分，同时也对客户服务水平有着重要影响。企业在采用 TPL 代理配送模式的情况下，针对区域配送和库存作业成本有所增加这一现象，应采取一些相应的措施，以达到进一步降低成本的目的：一是科学地评估 TPLs 提出的网络规划方案，优化设计配送系统的网络结构，这是降低区域配送成本的大前提；二是加强对 TPLs 配送业务的监督与指导，促使 TPLs 强化车辆调度、运输线路选择及货物配载优化等方面的管理，切实提高配送作业的效率，有效降低区域配送物流成本；三是利用仓库管理系统（WMS）强化库存管理，制定合理的库存策略和仓储方案，采用先进的设备和技术（如液压拖车、电动叉车、条码技术等），降低搬运、盘点、拣货等库存作业费用。

根据案例提供的信息，请回答以下问题：

1．物流成本的构成包括哪些内容？

2．降低物流成本的途径有哪些？

第十二单元 物流中心与物流园区

学习目标

通过本单元的学习，应达到以下目标：

1. 掌握物流中心与配送中心的概念、功能及运营模式；
2. 了解物流中心网络布局的原则及类型；
3. 理解物流园区的作用，了解物流园区的产生和发展。

思考与练习题

一、判断正误

1. 配送中心的形成和发展是物流系统化和规模化的必然结果。（　）

2. 只要是为特定用户提供配送服务的物流中心，就视为配送中心。（　）

3. 由于市场是千变万化的，商品的需求量也在不断地变化，配送中心只有将商品储存量无限放大，才能以不变应万变，极大地满足顾客的需求。（　）

4. 集商流和物流为一体的配送中心，其行为主体是生产企业或商业企业，这种配送中心模式是属于基于销售的配送中心

模式。（　　）

5. 配送中心的位置是否恰当关系到配送效率、物流成本和客户服务水平，因此，配送中心的选址十分重要。（　　）

6. 基于供应的配送中心模式所从事的配送活动是一种纯粹的物流活动，其业务属于交货代理服务。（　　）

7. 集商流、物流、信息流和资金流四流合一的配送中心模式属于基于销售的配送中心模式。（　　）

8. 对于综合型配送中心来说，应具有储存、分拣和流通加工等功能。（　　）

9. 物流信息系统是物流中心的灵魂，物流信息系统的构建是物流中心能否发挥作用的关键。（　　）

10. 集商流和物流为一体的配送中心，其行为主体是工业企业或商业企业，而配送仅仅是一种促销手段。（　　）

二、单项选择

1. 海尔配送中心已实现中心城市 6～8 小时配送到位，区域销售24 小时配送到位，全国主干线分拨配送平均3.5 天到位。这种配送中心属于（　　）的配送中心模式。

A. 基于供应　　B. 基于资源集成

C. 基于销售　　D. 基于生产

2. 配送中心的选址首先要能保证在一定的物流服务水平下满足顾客的订货要求，必须在充分考虑配送距离、配送时间和配送成本的基础上，确定（　　）。

A. 配送圈　　B. 配送路线

C. 配送对象　　D. 配送数量

3. 物流中心在供应链上所处的位置，主要是针对（　　）而言的。物流中心在供应链上的位置不同，其服务的内容也截然不同。

A. 制造商　　B. 批发商

C. 零售商　　D. 消费者

4. 集商流与物流为一体的模式属于（　　）的配送中心

模式。

A. 基于流通加工　　B. 基于供应

C. 基于销售　　D. 基于资源集成

5. 以资源集成为基础，集物流、商流、信息流与资金流四流合一的配送中心模式的行为主体是（ ）。

A. 生产企业　　B. 销售企业

C. 代理企业　　D. 虚拟物流企业

6. 配送中心是从事配送业务且具有完善信息网络的场所或组织。下列不是配送中心应具备的条件的是（　　）。

A. 主要为特定客户或末端客户提供服务

B. 配送功能健全

C. 辐射范围小

D. 提供高频率、小批量、多批次配送服务

7. 配送中心强化增值服务是其发展策略之一，对于采用 JIT 生产方式的企业实施生产“零库存”配送就是典型的以（ ）为核心的增值服务。

A. 促销　　B. 时间

C. 顾客　　D. 制造

8. 目前，一些大型零售企业建立自己的物流中心，批发商经销的商品都必须经由该中心，再向零售企业的各店铺进行配送。这种零售商与批发商之间的共同物流属于（ ）配送。

A. 横向共同　　B. 纵向共同

C. 各自独立　　D. 周转

9. 当物流中心信息系统主要是根据生产节拍，实现 JIT 配送服务时，则该物流中心在供应链上应处于（ ）的位置。

A. 制造商上游　　B. 制造商下游

C. 第三方物流服务商下游　D. 批发商下游

10. 由专业物流公司根据用户的要求进行货物的分类、配货、装车，并定时将货物送到生产厂的生产流水线上。这种配送方式属于（　　）的配送中心模式。

A. 基于供应　　B. 基于销售

C. 基于资源集成　　D. 基于生产

三、多项选择

1. 配送中心的形成和发展是（　　）的必然结果，为了更好地满足用户对商品处理上的更高要求，必须引进先进设备，建立现代配送中心。

A. 客户需求多样化　　B. 物流系统化
C. 物流网络化　　D. 物流规模化
E. 物流全球化

2. 配送中心按功能可分为（　　）及其他功能区，在预定的空间范围内合理布置好各功能区的相对位置是非常重要的。

A. 生活区　　B. 进货区
C. 储存区　　D. 分拣区
E. 辅助生产区

3. 海尔的配送中心属于（　　）配送中心。

A. 批发商主导型　　B. 零售商主导型
C. 厂商主导型　　D. 公共
E. 个别企业

4. 按照配送中心的功能，可将其划分为（　　）等类型。

A. 共同型　　B. 批发型
C. 通过型　　D. 集中库存型
E. 流通加工型

5. 物流中心是从事物流活动且具有完善信息网络的场所或组织。应基本符合下列要求（　　）。

A. 主要面向社会提供公共物流服务
B. 对下游配送中心客户提供物流服务
C. 物流功能健全
D. 集聚辐射范围大
E. 存储、吞吐能力强

四、名词解释

物流中心　配送中心　物流园区　物流网络

五、简答（述）

1. 物流中心需要具备哪些条件？
2. 物流中心形成的原因有哪些？
3. 物流中心有哪些分类方法及类别？
4. 物流中心有哪些作用？
5. 建立物流中心网络必须遵循哪些原则？
6. 物流中心有哪些布局形式？
7. 配送中心需要具备哪些条件？
8. 配送中心有哪些分类方法及类别？
9. 配送中心通常应具备哪些功能？
10. 配送中心的基本模式有哪些？
11. 产生物流园区的原因有哪些？
12. 物流园区有哪些主要作用？
13. 简述物流园区的发展趋势。

六、案例分析

案例1：江苏宝通物流中心的现状与发展

江苏宝通物流发展有限公司是徐州矿务集团的子公司。徐州矿务集团是一个具有百余年开采历史的特大型煤炭企业。由于开采历史长，产量逐年下降。为提高集团的生存和发展能力，集团领导层提出了大物流发展战略。为此，公司开展了一系列调研。在调研中发现，集团的整体物流管理水平较低。如何实施物流发展战略？集团领导对企业现状进行了深入分析：

1. 优势

（1）集团拥有发展物流产业良好的区位优势。徐州市位于鲁、豫、皖三省交界处，是淮海经济区的中心城市。鲁、豫、皖三省是产煤大省，煤炭储量丰富。良好的区位优势既便于西部、北部煤炭的集散，又能减少运输环节，降低运输成本。

（2）发展物流是集团自身发展的需要。长三角地区是徐州矿务集团传统的销售市场，拥有一大批用户和稳定的销售网络，具有显著的比较优势。

（3）集团发展物流产业具有自身特定的优势。集团所辖各矿、厂分布在徐州市东、西、北面，且大部分具有铁路专用线。

2. 劣势

（1）物流管理水平较低。

（2）物流职工的主观能动性没有得到充分发挥。

（3）物流服务项目较单一。

根据案例提供的信息，请回答以下问题：

1. 你认为江苏宝通物流中心应如何把握优势、扭转劣势，制定出切实可行的物流发展战略?

2. 请分析该物流中心的发展前景。

案例2：PS公司的配送体系

PS公司是一家跨国大型电器生产制造企业，1987年在中国成立了合资公司，主要经营家用空调、洗衣机、通信设备、音响、半导体等生产器材。年销售量达到200万台，产品种类35种，销售额为1.6亿元，产品毛利率为15%。

由于客户对服务水平的要求逐渐提高，PS公司在全国30多个省市建立了配送中心并组建了良好的销售团队。其物流业务流程为：产品由工厂下线以后，根据补货计划向30多个异地配送中心进行补货。目前的物流成本占到了销售额的1.3%。

经过一段时间的运作，物流经理发现交货期仍然无法满足部分客户的要求，于是建议增加5个配送中心，从而会大大提高客户服务水平，预计销售额会增加5%，但物流成本也要增加200万元。

另一方面，随着销售业务量的不断增加，配送中心的部分产品经常出现断货和积压，单个配送中心各型号产品的月度断货次数为5次，而积压的滞销品占到了销售数量的9.8%，大大影响了S公司的销售利润。

根据案例提供的信息，请回答以下问题：

1. 请解释物流成本与服务水平之间的关系。

2. 如果按照物流经理新增配送中心的建议，物流成本占销售额的比例是多少？

3. 如果你是公司的主管，从利润的角度，你是否同意增加配送中心的要求，为什么？（请列出计算过程）

4. 如何合理控制库存，从而最大程度地避免断货，并降低公司的物流成本？

案例3：上海联华生鲜食品配送中心的运作

联华生鲜食品加工配送中心是我国国内目前设备最先进、规模最大的生鲜食品加工配送中心，总投资6000万元，建筑面积3.5万平方米，年生产能力2万吨。其中肉制品1.5万吨，生鲜盆菜、调理半成品3千吨，西式熟食制品2千吨，产品结构分为15大类约1200种生鲜食品。在生产加工的同时，配送中心还从事水果、冷冻品以及南北货的配送任务。

生鲜商品按其秤重包装属性可分为：定量商品、秤重商品和散装商品。按物流类型可分为：储存型、中转型、加工型和直送型。按储存运输属性可分为：常温品、低温品和冷冻品。按商品的用途可分为：原料、辅料、半成品、产成品和通常商品。生鲜商品大部分需要冷藏，所以其物流流转周期必须很短，以节约成本；生鲜商品保质期很短，客户对其色泽等要求很高，所以在物流过程中需要快速流转。基于这些要求，联华生鲜食品配送中心做到了“快”和“准确”。

一、订单管理

门店的要货订单通过联华数据通信平台，实时传输到生鲜配送中心，在订单上记录了各商品的数量和相应的到货日期。

生鲜配送中心接收到门店的要货数据后，立即在系统中生成门店要货订单，按不同的商品物流类型进行不同的处理：

（1）储存型商品。系统计算当前的有效库存量，比对门店的要货需求以及日均配货量和相应的供应商送货周期，自动生成各储存型商品的建议补货订单，采购人员根据此订单再根据实际的情况作一些修改即可形成正式的供应商订单。

（2）中转型商品。此类商品没有库存，直进直出，系统根据门店的需求进行汇总，按到货日期直接生成供应商的订单。

（3）直送型商品。根据到货日期，分配各门店直送经营的供应商，直接生成供应商直送订单，并通过 EDI 系统直接发送到供应商。

（4）加工型商品。系统按日期汇总门店要货信息，根据各产成品或半成品的 BOM 表（Bill of Materials，物料清单）计算物料消耗量，比对当前有效的库存量，系统生成加工原料的建议订单，生产计划员根据实际需求进行调整，发送采购部生成供应商原料订单。各种不同的订单在自动生成或手工创建完成后，通过系统中的供应商服务系统自动发送给各供应商，时间间隔在 10 分钟内。

二、物流计划

在得到门店的订单并汇总后，物流计划部根据第二天的收货、配送和生产任务制订物流计划。

（1）线路计划。根据各线路上门店的订货数量和品种，进行线路调整，保证运输效率。

（2）批次计划。根据总量和车辆人员情况设定加工和配送的批次，实现循环使用资源，提高效率；在批次计划中，将各线路分别分配到各批次中。

（3）加工计划。根据批次计划，制定加工计划，将量大的商品分批投料加工，设定各线路的加工顺序，保证配送和运输协调一致。

（4）配货计划。根据批次计划，结合场地及物流设备的情况，进行配货安排。

三、储存型商品的物流运作

商品进货时先要接受订单的品种和数量的预检，预检通过方可验货，验货时需进行不同要求的品质检验，终端系统检验商品条码和记录数量。在商品进货数量上，定量商品的进货数量不允许大于订单的数量，不定量的商品提供一个超值范围。对于需要重量计量的进货，系统和电子秤系统连接，自动去皮取值。

拣货采用播种方式，根据汇总取货，汇总单标识从各个仓位取货的数量，取货数量为本批配货的总量，取货完成后系统预扣库存，被取商品从仓库仓间拉到待发区。在待发区配货分配人员根据各路线各门店配货数量对各门店进行播种配货，并检查总量是否正确，如不正确则向上校核。如果商品的数量不足或其他原因造成门店的实配量小于应配量，配货人员通过手持终端调整实发数量，配货检验无误后使用手持终端确认配货数据。在配货时，冷藏和常温商品被分别放置在不同的待发区。

四、中转型商品的物流运作

供应商送货与储存型商品的相似。先要预检，预检通过后方可进行验货配货；供应商把中转商品卸货到中转配货区，中转商品配货员使用中转配货系统按路线、门店的顺序分配商品，数量则根据系统配货指令执行，然后贴物流标签。配货采用播种方式。配好的商品放到指定的暂存位置。配货完成后统计单个商品的总数量或总重量，根据配货的总数量生成进货单。中转商品以发定进，没有库存，多余的部分由供应商带回，如果不足则在门店间进行调剂。

以下为三种不同类型的中转商品的物流处理方式：

（1）不定量需秤重商品。设定包装物皮重，由供应商将单件商品上秤，配货人员负责系统分配及其他控制性操作；电子秤秤重，每箱商品上贴物流标签。

（2）定量的大件商品。设定门店配货的总件数，汇总打印一张标签，贴于其中一件商品上。

（3）定量的小件商品（通常需要冷藏）。在供应商送货之前，先进行虚拟配货，将标签贴于周转箱上；供应商送货时，取自己的周转箱，按箱标签上的数量装入相应的商品；如果发生缺货，将未配到货的门店标签作废。

五、加工型商品的物流运作

生鲜商品的加工，按照原料和成品的对应关系可以分为两种类型：组合和分割。这两种类型在BOM设置和原料计算以及成本核算方面都存在很大的差异。在BOM中，每个产品设定一个加工车间，只属于唯一的车间，在产品上区分最终产品、半成品和配送产品。商品的包装分定量和不定量，对于秤重的产品或半成品，需要设定加工产品的换算率（单位产品的标准重量），原料的类型分为最终原料和中间原料，设定各原料相对于单位成品的耗用量。

需要对多级产品链计算嵌套的生产计划任务，并生成各种包装生产设备的加工指令。对于生产管理，在计划完成后，系统按计划内容出标准领料清单，指导生产人员从仓库领取原料以及生产时的投料。而生产计划则需要考虑产品链中前道与后道的衔接，各种加工指令、商品资料、门店资料、成分资料等下发到各生产自动化设备。加工车间人员根据加工批次加工调度，协调不同量商品间的加工关系，以满足配送要求。

六、配送运作

商品分拣完成后，都堆放在待发库区，按正常的配送计划，在晚上把这些商品送到各门店，门店第二天早上将新鲜的商品上架。在装车时，按计划依路线门店顺序进行，同时抽样检查准确性。在货物装车的同时，系统能够自动算出包装物（笼车、周转箱）的各门店使用清单，装货人员也据此来核对差异。在发车之前，系统根据各车的配载情况出示各配送车辆随车商品清单，各门店的交接签收单和发货单。

商品送到门店后，由于数量的高度准确性，在门店验货时只要清点总的包装数量，退回上次配送带来的包装物，完成交接手续即可，一般一个门店的配送商品交接只需要5分钟。

根据案例提供的信息，请回答以下问题：

1．从包装属性和搬运属性看，生鲜商品对物流运作有什么要求？上海联华生鲜食品加工配送中心是如何达到这些要求的？

2．联华生鲜食品加工配送中心是如何协调不同量商品间的加工关系，以满足配送要求的？

3．联华生鲜食品加工配送中心是怎样进行储存型商品的物流运作的？

4．联华生鲜食品加工配送中心是怎样进行中转型商品的物流运作的？

第十三单元 国际物流

学习目标

通过本单元的学习，应达到以下目标：

1. 掌握国际物流的概念与特点；

2. 了解国际物流与国际贸易之间的关系；

3. 熟悉国际物流各环节的业务；

4. 掌握保税制度、保税区、保税仓库，理解它们在国际物流发展中的重要作用；

5. 了解国际物流的运作与发展。

思考与练习题

一、判断正误

1. 国际物流是跨越不同国家（或地区）之间的物流活动。（　　）

2. 国际物流的发展主要经历了四个阶段。（　　）

3. 按照货物在国与国之间的流向，可将国际物流划分为进口物流和出口物流两类。（　　）

4. 根据商品流动的关税区域，可以将国际物流划分为不同

国家之间的物流和不同经济区域之间的物流。（ ）

5. 国际贸易也称世界贸易，是指不同国家（或地区）之间的商品或劳务的交换活动。（ ）

6. 根据国际商会《2000 年国际贸易术语解释通则》的解释，共有 13 种贸易术语，可将其划分为 E、F、C、D、G 五组。（ ）

7. FOB 即装运港船上交货，采用该条款，买方风险更小。（ ）

8. CFR 即成本、保险费和运费都未付。（ ）

9. 国际物流会影响国际贸易，但国际贸易对国际物流没有影响。（ ）

10. 国际货运代理只是一个中介，对国际物流活动的成功开展所起的作用不是很大。（ ）

二、多项选择

1. 国际物流具有（ ）特点。

A. 渠道长、环节多　B. 环境复杂

C. 风险高　D. 对标准化程度要求高

E. 需要开展国际多式联运

2. 根据跨国运送的商品特性，可以将国际物流划分为（ ）几类。

A. 国际军火物流

B. 国际商品物流

C. 国际邮品物流

D. 国际捐助或救助物资物流

E. 国际展品物流

3. 在我国，从事国际货物运输代理的企业必须具备（ ）条件。

A. 必须依法取得中华人民共和国企业法人资格

B. 有与其从事的国际货物运输代理业务相适应的专业人员

C. 有固定的营业场所和必要的营业设施

D. 有稳定的进出口货源市场

E. 注册资本不低于500万元人民币

4. 理货业务涉及的主要单证包括（　）。

A. 理货委托书　　B. 日报单

C. 货物溢短单　　D. 货物残损单

E. 货物积载图

5. 保税区包括（　）形式。

A. 指定保税区　　B. 保税货栈

C. 保税仓库　　D. 保税工厂

E. 保税展厅

三、简答（述）

1. 何为国际物流？国际物流有哪些特点？

2. 国际物流的发展主要经历了哪几个阶段？

3. 简述国际物流与国际贸易的关系。

4. 国际物流包括哪些业务环节？

5. 简述保税制度、保税区、保税仓库、出口加工区的含义。

6. 国际货运代理在国际物流中的作用体现在哪些方面？

7. 简述理货业务。

8. 货主企业在自身国际物流运作过程中，一般可以采取哪几种方式？

9. 简述我国物流企业的国际化运营策略。

10. 简述国际物流的发展趋势。

四、案例分析

案例1：上海铁联走向国际的成长历程

上海铁联国际储运有限公司由上海外高桥保税区三联发展有限公司和上海铁路局合资组建而成，由于在企业经营机制上存在弊端，曾经走过一段艰难的日子。通过使用物流信息管理系统后，公司快速发展，2005 年 1～10 月，累计净利润已达 230 万元，提前完成全年利润指标。如今，公司在服务实践中逐渐成长为以仓储业务为主、运输、货代业务为辅的国际性物流企业。

作为上海外高桥保税区内最大的物流企业之一，上海铁联国际储运有限公司在发展过程中为何不在原领域纵深推进而向国际型物流企业转轨？揭开上海铁联国际储运有限公司的物流信息化面纱，上海铁联的成功转型给予了许多徘徊在物流信息边缘的物流企业更多的启示。

上海外高桥保税区是国务院批准成立的中国第一个保税区，是浦东开发最早启动的四大功能小区之一，规划建设面积 10 平方千米，已开发面积 7.5 平方千米。经过十二年的建设，外高桥保税区的展示、贸易、加工和研发功能初具规模，IT 芯片封装，第三方物流、高科技的机电一体化、新材料产业发展迅猛，已成为世界经济登陆中国的桥梁、中国经济向外辐射的窗口。目前，外高桥保税区的 GDP、工业生产总值、进出口额、集装箱吞吐量、税收收入在全国十二个保税区中排名第一。

上海铁联国际储运有限公司地处外高桥保税区内。在保税区占地 40 000 多平方米，拥有三座共 21 000 平方米的大型单层钢结构室内保税仓库、10 000 平方米的集装箱堆场，并享有保税区各类优惠政策。公司具有中国外经贸部批准的海、陆国际一级货代经营权，是集国际贸易、国际货代、报关报检、海陆联运、保税仓储等为一体的综合性国际储运公司。作为保税区内成长型企业，如何在发展中不断提升企业管理水平、增强企业竞争力、成功地向国际性物流企业转型呢？

上海铁联的领导认为："我国保税区国际物流的发展趋势是不仅需要依托保税区其他各项主体功能的发展，更要依托高水平的物流运作来促进保税区其他各项主体功能的深化，使保税区各种功能形成协调互动的发展格局。作为保税内的企业，就必须实现物流流程的合理化和物流服务的规范化，提高自身的经营管理水平和物流服务质量，从而使企业真正具有独特的市场竞争能力。”

如何实现物流管理的规范化呢？信息技术成为上海铁联从一般意义上的物流公司转型为国际型物流公司的锦囊妙计。上海铁联选择物流管理软件的理念是能否与公司发展方向吻合，供应商的技术力量是否雄厚，咨询团队是否专业，实施方法是否合理，供应商是否具有一定的知名度等，这些因素都成为选择合作伙伴的必要条件。

2003 年，公司领导对国内外知名的软件制造商进行考察和对比之后，上海博科资讯股份有限公司的物流信息系统深深地打动了上海铁领导的心。上海博科资讯股份有限公司是一家全国性大型专业管理信息化解决方案供应商，主要为物流、零售、制造业等行业的企业提供信息化管理解决方案。该公司从 1996 年就进入物流信息系统的规划、设计和开发领域，其开发的第三方物流软件为大物流网络体系结构，支持多层组织架构，是根据中国物流业发展过程特点、结合国际现代物流发展理念和客户实际情况定制的。在软件开发中，采用了先进的供应链管理思想，设计的物流管理信息系统既能满足目前中国物流的需求，又能随着物流业的发展不断拓展并与国际接轨。

回忆起与博科资讯合作的这段时间，上海铁联信息部主管不禁会说：“众里寻它千百度，蓦然回首却在身边处。与博科资讯在物流管理信息化方面的合作，保证了上海铁联更加贴近国际化客户的需求，成为国际性物流专业公司。而博科资讯也在上海铁联原有的国际贸易项目基础上，进一步树立国际物流的保税物流管理信息化方面领先品牌的形象。”

强强合作，推进物流企业国际化的转型。

上海铁联的企业领导在公司发展策略上提倡与强手合作，公司才会学得更多，走得更远。与博科资讯的合作，虽然是不同领域的合作，但是只有选择管理软件中的强者，才会让企业的信息化更彻底、更有效。

博科也用事实证明了其在物流管理信息系统开发中的领先

地位。

针对上海铁联提出的发展目标和企业目前存在的问题，博科资讯的咨询顾问进行了深入细致的调研，在调研中发现，由于长期采用人工操作的管理办法，物流管理无法实现细化和量化，当货流量大时，手工操作的出错率较高，成本增加，企业效益得不到提高。

面对这些急需解决的问题，博科资讯开发出了包括集中处理、进出货作业、报关业务、库存管理、物流计费、运输管理在内、性能良好的物流信息系统。这套系统首先解决了上海铁联人工管理物流信息无法量化的问题，建立了货主及其客户的档案资料，可对货主或其客户提供满足其要求的服务，为货主提供进、出、存精细化管理，可对货物进出库和库存情况进行实时查询和跟踪。对不同的货主可设定不同的物流计费策略，提供各种物流作业计费的设定功能，从而进行物流自动计费。在进出库管理模块及库存管理模块中，博科资讯使用先进的射频识别技术（Radio Frequency）和条码技术，使货物的进库、出库、装车、库存盘点、货物的库位调整、现场库位及商品查询等数据实现实时双向传送，做到快速、准确、无纸化，大大提高了效率，人为因素造成的出错率降到了最低，从而降低了仓储成本。在物流计费模块中，增加了应收应付功能，可对货主的代垫费用进行记录和管理，并将相关数据传输至财务系统，从而大大提高了财务人员的工作效率。使用运输管理模块后，通过设置车辆的基本资料、记录车辆的业务情况和运行中发生的各种费用，从而实现对车辆的有序管理，减少了流转过程、提高了营运效率、紧缩了人员编制、降低了营运成本。

“工欲善其事，必先利其器”，选择了适合企业发展的信息化合作伙伴，就如同为企业的发展添上了羽翼。通过使用博科资讯开发的物流信息系统，上海铁联已与国际运输方式接轨，实现了国际国内“门到门”的物流服务，现已通过了ISO9002质量体系国际认证。目前，公司提供仓储物流服务的客户，多数为世界五百强企业，例如德国巴斯夫、美国杜邦、法国埃尔夫阿托等。受马士基物流公司、道康宁公司的委托，上海铁联公司还输出管理服务，提供从换单、报关、进库、到运输至客户的一条龙服务。随着保税区和港区的融合、上海铁联已成功转型为国际性物流公司。

根据案例提供的信息，请回答以下问题：

1．上海铁联成功走向国际的根本原因是什么？

2．上海铁联从哪些方面评估供应商？

3．面对国际物流市场的发展，国内物流企业如何才能更好地参与国际市场竞争？

案例 2：日本索尼公司的全球物流运作

索尼集团公司是日本一家跨国经营和生产电子产品的厂商，在全球拥有 75 家工厂和 200 多个销售网点。据国际物流专家估计，仅仅在电子产品方面，索尼集团公司每年的全球集装箱货运量已经超过 16 万标准箱，是世界上规模比较大的发货人之一。为了充分发挥跨国经营的杠杆作用，扩大其在国际市场上的竞争力，目前该集团公司正在与承运人及其代理展开全球性商谈，以便进一步改善物流供应链，提高索尼集团公司的经济效益。

一、提高企业核心竞争力是关键

随着经济发展的全球化，通过节约物资消耗和提高劳动生产率来降低生产成本的做法已转向非生产领域，特别是物流领域，索尼集团公司也不例外。负责这场与承运人展开全球性物流谈判的是索尼集团公司副总裁、索尼物流采购公司总经理三岛先生。他的主要任务是：落实成交条件，扩大物流成本节约范围。至于在全球性谈判中究竟要选用哪一家承运人，三岛先生认为，这不仅要看承运人开出的运价，那是表面现象，而且要看承运人实质性的东西，即全面评估有关承运人过去三年中经营业绩、信誉程度、交货速度、船舶规范和性能，以及如客户服务、售后服务、经营管理作风、经营风险意识、员工自身素质等因素。

前不久，三岛先生去H国G船务公司商谈集装箱托运事宜，走进G公司大厦就像走进一家四星级宾馆……他第一个想法是，光是这座大厦每年的物业管理费用，不知要用多少集装箱的运费才能填补。尽管G公司的高规格招待和那么多高层人士热诚陪同令他感动，但为了索尼公司自身利益，三岛先生最终还是没有和G公司签约。

索尼集团公司每年都要举行一次与承运人的全球性物流洽谈会，通过谈判把计划的集装箱货运量分配给选中的承运人。在合同中，索尼集团公司作为签约一方给另一方一年的集装箱运量的许诺，但如果在一年中，索尼提供的箱量低于许诺，索尼向承运人赔款；如果箱量超过许诺，索尼不要求承运人提供回扣。两年多来，索尼集团公司把许诺箱量和一旦低于实际托运量就赔款的合同条款应用于对美国的贸易航线中。迄今在对美航线中这个合同条款用得比较普遍，而在其他贸易航线中，托运人通常不愿意向承运人承诺集装箱的年总托运量。在合同中，索尼只要求承运人提供半年至一年的运价本。索尼集团公司这样做的目的，无非是为了加强与承运人的合作和联系，建立质量上乘、价位低廉的物流链服务网络。

索尼集团公司还有一个独特之处是，在处理自己的产品远洋运输业务中，往往是与集装箱运输公司直接洽谈运输合同而不是与货运代理洽谈，但是在具体业务中，索尼乐意与货运代理打交道。索尼集团公司与其他日本实业公司不同的是，索尼与日本许多实力雄厚的航运集团，如商船三井、日本邮船、川崎船务等结成联盟。但是索尼集团公司在业务上始终保持独立自主。

索尼集团公司非常重视电子信息管理技术（EICT），使用比较先进的通用电子信息服务（GEIS）软件，与日本和世界各地的国际集装箱运输公司建立密切的电子数据交换联系（EDI）。与众不同的是，索尼集团公司认为，企业的某一产品、某一项目具有优势并不代表这家公司的竞争力就强，只有当公司拥有核心能力时，才能获得持久竞争优势。必须指出，作为日本著名企业，索尼集团总公司的高层早就认识到，核心竞争力的载体是企业整体，而绝不是集团下面某一个“重中之重”的子公司通过“奇迹”能够实现的。因为建立核心竞争力的投资风险和时间跨度远远超过了多少带有地方色彩和自身严重局限的子公司的能力范围，必须从企业集团整体利益的战略高度考虑，充分把握投资方向，理顺经营理念和主动掌握市场需求，集中一切力量把企业集团核心竞争力的建立指挥主动权掌握在集团高层官员的手中。

二、充分发挥全球物流供应链作用

索尼集团公司之所以能在国际市场上长久立于不败之地，奥秘是竭尽全力接近客户，“想客户之所想，急客户之所急”。凡是客户想到的，索尼争取先想到；凡是客户还没有来得及想到的，索尼必须抢先想到。

几年以前，索尼集团公司曾遇到这样一件事情，欧洲市场客户急需当地市场已经断档多时的索尼牌超高速凸轮缓冲器，这种用于电视接收设备的产品当时只在日本本土生产，在欧洲和世界各地的索尼公司均不生产，这种产品以往都是通过集装箱海运发往世界各地。索尼集团公司最高执行官当即决定，急事特办，采用运价比海运高出十几倍的空运方式把凸轮缓冲器运到欧洲国际市场和其他急需这种产品的市场。满足市场需要是索尼的最高宗旨，只有实现这个宗旨，索尼才能有生存的明天。如果索尼集团当时不这样做，欧洲和其他地区的零售商货架上一旦找不到索尼产品，消费者就必然会另外寻找途径，索尼就会逐渐失去这一地区的市场，就等于把竞争的主动权拱手让给对手。“商场如战场”，商家最怕“一着不慎，全盘皆输”的结局。索尼当然也不例外，虽然在缓冲器产品的物流上多赔了一些运费，但用局部的牺牲赢得了全局的胜利，保持和扩大了索尼的市场信誉和占有率，使索尼公司产品名扬天下。

索尼集团公司的物流理念是，必须从战略高度去审视和经营物流，每时每刻都不能忽视物流。满足消费者或客户的需求，满足市场的需求是物流的灵魂，索尼集团麾下的各家公司必须紧紧跟随市场的潮流。

索尼集团公司所需要的物流，涉及采购、生产和销售几个项目，但往往是在不同地区和不同供货商、不同的承运人商谈不同的物流项目，如索尼公司在北美和亚洲的物流谈判就不包括采购项目，在欧洲的物流谈判就包括采购项目。这是因为索尼是跨国经营集团，要做的是全球性的物流，需要的是全球性物流供应链管理。随着市场经济的快速发展，索尼公司不可能把某一个特定消费市场的所有产品全部生产出来，倘若分布在世界各地的索尼子公司能够把工厂所在地四周和附近市场所需要的产品全部生产出来，把本地的这些市场全部包下来，那是最理想不过的。但是在实际操作上，这是不可能的，因为这里有一个产品成本问题。为了既要把市场包下来，同时又要保证产品成本不会增加，索尼集团公司鼓励各地区索尼子公司互相协作，尽量从别的地区寻找本地区缺乏而又必需的零部件产品。索尼集团公司每年在物流上的花费，包括零部件和制成品物流费用，大约占其全球经营总收入的7%，而零部件物流的费用又占生产总成本的6%。由于生产总成本占索尼集团总公司全年总收益的80%，那么，其零部件物流成本部分占索尼集团总公司年总收益的4.8%。此外，根据该公司的统计，索尼集团公司的成品物流费用占集团销售、综合和行政管理成本费用总额的10%，而销售、综合和行政管理成本费用总额又占总收入（Revenues）的20%。

过去，当被托运的货物无法装满整箱的时候，要么就地等候其他货物来拼箱，要么浪费箱内容积，高成本发运货物。为了进一步降低物流成本，索尼集团公司常常根据实际需要，办理集装箱货物的“多国拼箱”。比如，索尼公司把半箱货物的集装箱从某一个产地发往新加坡或高雄，在那里把另外一种产品补充装入箱子，变成满箱货物，然后继续运输，直至北美或者欧洲某目的港。这种方法的最大好处，首先是避免了等候时间。因为集装箱运输时间本身就是用金钱买来的；其次是降低了成本，同时也大幅度缩短了通关时间。现在索尼集团已经把新加坡和高雄作为索尼产品“多国拼箱”的集装箱枢纽港。其他方法如满箱货物的“工厂直接装箱”，或者在一个国家内的几家索尼子公司的产品进行这一个国家内的拼箱业务。索尼集团目前把这些物流服务委托给香港东方海外集运公司和马士基海陆船务公司。索尼集团公司在对美国的跨太平洋出口贸易航线上，常常把产品集中到北美内地某一个配送中心站，或者把货物运送到洛杉矶附近的物流中心进行中转或者拼箱，充分发挥索尼集团在北美的亚特兰大、纽约和洛杉矶等地区拥有的仓储力量。索尼集团又利用欧洲荷兰的仓储基地作为其拼箱中心。凡是准备运往东欧地区的货物先从其他各国进口集中到这个拼箱中心，然后再发送到东欧各地的配送站。而发往莫斯科的货物是先运往芬兰的赫尔辛基，然后再从那里转运到莫斯科和俄罗斯腹地。

三、物流服务三大要求

分布在世界各地特别是一些主要国家的物流分支机构，已经成为索尼物流管理网络中的重要环节。过去，这些物流分支机构主要功能是为在同一个国家的索尼公司提供服务，现在把这些物流分支机构的服务联合起来，发挥全球性索尼物流网络功能。机构没有变化，但是功能更强大了，服务范围更广泛了，进一步降低了索尼公司的物流成本，极大地提高了经济效益。比如，新加坡或者马来西亚的一家索尼物流分支公司把来自当地的零部件拼装箱，运到位于日本的另一家索尼物流分支公司，后者收到集装箱货后，立即拆箱，把货物分别迅速配送到日本各地的索尼工厂车间。索尼物流分支公司这种经营功能全球化最早始于亚洲，当时只不过是把位于新加坡、马来西亚、中国内地、中国香港、中国台湾和日本的索尼公司的生产经营服务紧密联系起来。取得成功后，索尼集团公司立即总结经验，迅速向美国和欧洲地区推广。目前索尼物流分支机构经营全球业务最大的是索尼物流新加坡公司，该公司主要经营东南亚各国到越南和中国的物流服务。

目前，索尼集团公司又在世界各地组织“牛奶传送式

(Milk Run Deliveries)”服务，进一步改善索尼公司在全球，特别是亚洲地区索尼产品的运输质量。索尼物流分支公司围着供应方转，代表零部件供应商随时提取索尼工厂所需要的备件订单。过去，零部件供应商自己跑到索尼工厂要货。“牛奶传送式”服务是一种日本人特有的快递服务，高效、快捷、库存量合理，又深得人心，特别受到需求数量不多、产品规格特别的客户的欢迎。这种服务非常灵活，客户可以通过电话、传真和电子邮件申请服务。在新加坡，索尼新加坡物流公司正在进一步缩短海运和空运的时间。以前，索尼新加坡公司在船舶或者航空货机开航前 7 天准备货物托运手续，由于采用若干出口优先规划，目前海运已经缩短到 4 天，空运缩短到 1 天。

为了更好地为客户服务，索尼集团总公司对每家索尼物流公司提出了以下三个要求：一是竭尽全力缩短从产品出厂到客户手中的过程和所用的时间，特别是要缩短跨国转运、多式联运和不同类型运输方式之间货物停留时间，必须做到“零停留时间、零距离、零附加费用、零风险”的物流服务；二是大力加强索尼集团公司和物流链服务供应方之间的合作关系，始终保持电子数字信息交换联系的畅通；三是在东欧地区和中国内地迅速建立起索尼物流的基础设施，这也是索尼物流公司当前最紧迫的任务。

根据案例提供的信息，请回答以下问题：

1. 索尼集团公司在选择承运人时为什么要对其进行综合评估？

2. 索尼集团公司为什么在对美航线中向承运人承诺，如果提供的集装箱运量低于许诺就向承运人赔款？而在其他贸易航线中，则不做出这样的承诺？这体现了物流管理的什么原则？

3. 谈谈你对“核心竞争力载体是企业整体”的认识。

4. 在财务业绩与战略业绩之间，你认为哪一个更重要？为什么？请结合案例加以说明。

5. 你认为索尼集团公司“多国拼箱”业务的优势在哪里？

你能否再举一个开展“多国拼箱”业务的公司的例子？

6．索尼集团公司是如何完善其全球物流供应链，以提高公司经济效益的？

7．你认为索尼集团公司在业务上始终保持独立自主体现在哪些方面？

第十四单元
供应链管理

学习目标

通过本单元的学习，应达到以下目标：

1. 掌握供应链的概念、结构、特征，了解供应链的分类；

2. 掌握供应链管理的概念、要旨与原则，明确供应链管理的目标、职能及要求，了解供应链管理的范围与优势；

3. 掌握供应链的设计策略、原则与步骤；

4. 了解 QR 和 ECR 两种供应链管理策略；

5. 了解第四方物流的概念、特征、服务内容与运作。

思考与练习题

一、判断正误

1. 供应链管理强调核心企业与世界上最杰出的企业建立战略合作关系，委托这些企业完成一部分业务工作，自己则集中精力和各种资源，做好本企业的工作。（　）

2. 供应链上各企业之间不存在竞争关系，只存在合作联盟关系。（　）

3．供应链管理主要涉及供应、物流、需求三个领域。（　）

4．供应链的基本要素包括供应商、销售商和生产企业。（　）

5．供应链是实现物流现代化、降低物流成本的手段和工具。（　）

6．第三方物流发展的高级阶段是第四方物流。（　）

7．供应链的简约化标志着物流科学已发展到供应链管理时代。（　）

8．供应链上的资金流、信息流和物流的方向都是一致的。（　）

9．QR 是 1992 年从美国的食品杂货业发展起来的一种供应链管理策略。（　）

10．ECR 是 1984 年从美国的服装纺织行业发展起来的一种供应链管理策略。（　）

二、单项选择

1．供应链是一个（　），它包括不同环节之间持续不断的信息流、物流和资金流。

A．动态系统　　B．固定系统

C．独立系统　　D．灵活系统

2．供应链由所有加盟的节点企业组成，其中一般有一个（　），节点企业在需求信息的驱动下，通过供应链的职能分工与合作，以资金流、物流和服务流为媒介实现整个供应链的增值。

A．大型企业　　B．外资企业

C．联合企业　　D．核心企业

3．在供应链中，企业之间形成一种（　）关系。这实际上也体现出核心竞争力的互补效应。

A．合作性竞争　　B．互利互惠

C．相互配合　　D．对抗性竞争

4. 实施供应链管理，意味着上游企业的功能不是简单地提供物料，而是要以最低的成本提供最好的服务。这反映了供应链管理具有以（　）为目标的服务化管理的基本特征。

A. 整体效益　　B. 满足生产企业的需要

C. 充分利用社会资源　　D. 顾客满意度

5. 把供应链上的成员企业整合起来，像一个企业一样运作，但各成员又是完全独立的，决策权属于自己。供应链企业间的这种关系类型称为（　）。

A. 联盟型　　B. 长期目标型

C. 纵向集成型　　D. 渗透型

6. 供应链管理关注的不仅仅是物料实体在供应链中的流动，而是更加关注供应链系统的物流成本与（　）之间的平衡。

A. 物流效益水平　　B. 企业利润水平

C. 客户服务水平　　D. 企业效率

7. 供应链管理主要涉及四个领域：供应、生产计划、物流与需求，在这四个领域的基础上，我们可以将供应链管理细分为（　）和辅助领域。

A. 服务领域　　B. 管理领域

C. 物流领域　　D. 职能领域

8. 供应链是一个网链结构，节点企业之间是一种需求与供应的关系。下列不是供应链特征的是（　）。

A. 统一性　　B. 复杂性

C. 动态性　　D. 交叉性

9. 供应链物流调研属于（　）。

A. 综合品种物流调研　　B. 综合物流调研

C. 生活资料物流调研　　D. 物流供应调研

10. 下列属于供应链管理的作用与优势的是（　）。

A. 成本优势　　B. 资金优势

C. 库存优势　　D. 信息优势

三、简答（述）

1．什么是供应链？供应链有哪些主要特征？

2．供应链有哪些分类方法？相应的类别有哪些？

3．供应链中物流、资金流、信息流的方向是怎样的？

4．功能性产品和创新性产品各有哪些特点？它们分别与哪种类型的供应链匹配？

5．拉式供应链流程与推式供应链流程的区别是什么？

6．什么是供应链管理？其管理范围主要涉及哪些领域？

7．供应链管理的主要目标是什么？供应链管理有哪些主要职能？

8．与传统企业管理相比，供应链管理有哪些优势？

9．实施供应链管理对企业有什么基本要求？

10．实施供应链管理有哪些要点？应遵循哪些基本原则？

11．在设计供应链时，应遵循什么原则？有哪些主要步骤？

12．QR 策略和 ECR 策略分别适合哪种类型的供应链？分别支持何种企业竞争战略？

13．什么是第四方物流？它有哪些特征？能提供什么服务？有哪几种运营方式？

四、案例分析

案例 1：宜家的供应链运作

宜家拥有 180 家连锁店，分布在全球 42 个国家。2002 年，宜家的销售收入达到了 110 亿欧元并获得了超过 11 亿欧元的净利润，成为全球最大的家居商品零售商。宜家的成功，除了公司拥有一整套严格的组织系统外，还依赖于公司拥有一整套周密的管理体系。

宜家从产品设计开始，就坚持自己设计，并拥有产品专利。公司从 100 多名设计师设计的新产品中挑选价格相同但设计成本最低的产品。当产品设计确定后，设计研发机构将和设立在全球33个国家的40家贸易代表共同确定，哪些供应商可以在成本最低并保证质量的情况下生产这些产品。在激烈的竞争中，得分较高的供应商将得到大订单。同时，宜家为所有的供应商都设定了不同的标准和等级，并经常对供应商进行考核。

为了能以最低的成本运作，宜家严格控制物流的每一个环节。例如，公司一直推行“平板包装”，节省了大量的产品粗装成本，达到了降低运输费用同时提高运输效率的目的；又如，将枕头里的空气抽掉，节省了大量的商品体积；为了节省运输时间，宜家在全球范围内的近20家配送中心与一些中央仓库大多集中在集海陆空于一体的综合交通枢纽。宜家通过科学计算，决定哪些产品在本地销售，哪些出口到海外。

宜家的供应链运作，包括从每家商店提供实时销售记录开始，将需求信息反馈到产品设计研发机构，物料由原材料供应商供应、经过制造商生产加工得到产成品，产品经仓储中心仓储、承运人运输，最后到达商店销售。

根据案例提供的信息，请回答以下问题：

1. 你认为连锁经营成功的关键是什么？
2. 你认为宜家的核心能力是什么？
3. 宜家与制造商的合作，采取了OEM模式还是ODM模式？
4. 宜家对供应商的管理体现了什么原则？
5. 请分析宜家成功的原因。
6. 宜家是如何降低经营成本的？
7. 请画出宜家公司的供应链运作流程图。

案例2：ACCENTURE的第四方物流服务

在欧洲，ACCENTURE和菲亚特公司的子公司NEW HOLLAND成立了一个合资企业NEW HOLLAND LOGISTICS S. P. A，专门经营零配件物流。NEW HOLLAND拥有该公司80%的股份，ACCENTURE拥有20%的股份。NEW HOLLAND为合资企业投入了6个国家的仓库，775个雇员以及资本投资和运作管理的能力。ACCENTURE则投入了管理人员、信息技术、运作管理和流程再造的专长。零配件管理运作业务涵盖了计划、采购、库存、分销、运输和客户支持。该合资企业在过去7年里的总投资回报为6700万美元。大约2/3的节省及运作成本的降低，20%来自于库存管理，其他15%来自于运费节省。同时，NEW HOLLAND LOGISTICS S. P. A实现了超过90%的订单完成准确率。

1998年，COMPAQ公司为降低成本，提高在供应链管理上的竞争力，聘请了ACCENTURE规划其在欧洲的维修与回收物流管理。ACCENTURE为COMPAQ进行了一年的咨询，建议COMPAQ将维修和回收管理外包，以达到其最初的目标，同时提升服务水平。为此，ACCENTURE为COMPAQ做了一系列的工作。首先，ACCENTURE根据COMPAQ的情况为其撰写了招标书。在招标书中，ACCENTURE列出了COMPAQ需要外包的五大环节，包括维修中心、中央仓库、分库、回收系统和运输，并对这五大环节做了具体说明。例如，对于维修中心，标书中包含了对于需要外包的物流服务的描述和质量要求，对比了COMPAQ当时的信息系统和理想的信息系统，明确了物流企业和COMPAQ在外包协议中各自的责任，列示了物流外包项目的实施方法和时间安排。最后对物流企业的投标书中应包含的集中维修环节进行了具体说明。招标书还对COMPAQ保留的业务和外包业务间的关系做了说明，以帮助竞标者了解全局。招标书对第三方物流公司的投标书提出了明确的要求。要求参与投标的第三方物流公司详细说明如何满足COMPAQ的物流要求，并要求投标公司对自身的信息系统、组织架构、简历和以前的成功案例给出详尽的说明，同时要求第三方物流公司说明目前为COMPAQ提供服务的年收入金额及其占物流公司整体年收入的比例，以此确定COMPAQ业务在该第三方物流公司业务体系中的地位。招标书还要求投标者提供未来成本预测、公司绩效管理、报价等多项内容，以便评标。接下来，ACCENTURE为COMPAQ对参加竞标的公司根据其投标书和其他情况进行评估，竞标公司包括 TNT、DHL、EXEL、UPS 等物流公司。评估内容包括解决方案评估、公司整体评估、信息系统评估、商业条款评估、财务状况评估五个部分。ACCENTURE 分五个小组进行评测，评出满足要求的公司，然后经过小组审批、团队审批和总部审批，选出 2～3 家公司进入最后的议价阶段，在评估过程中，ACCENTURE 主要考虑参与投标的第三方物流公司的信息系统能否和 COMPAQ 的系统顺利衔接、成本核算是否有效、物流公司在业务衔接过程中对 COMPAQ 自身业务的影响程度。当然，价格是一个非常重要的因素。最后，ACCENTURE 为 COMPAQ 选中了 EXEL，原因在于 EXEL 在仓库、运输、计划、单据、财务和调配等很多方面都有较好且具体的跨区域解决方案，COMPAQ 能够通过 EXEL 把客户服务水平提高一个台阶。

经过业务外包后，COMPAQ 在客户服务上的成本节约了 20%。

在英国，ACCENTURE 和泰晤士水务有限公司的一个子公司——CONNECT 2020 也进行了第四方物流的合作。泰晤士水务是英国最大的水务公司，营业额超过 20 亿美元。CONNECT 2020 成立的目的旨在为供水行业提供物流和采购服务。CONNECT 2020 把它所有的服务外包给 ACTV，一家由 ACCENTURE 管理和运作的公司。ACTV 年营业额为 1500 万美元，主要业务包括采购、订单管理、库存管理和分销管理。目前的运作成果包括：供应链总成本降低 10%，库存水平降低 40%，未完成订单减少 70%。

在本案例中，ACCENTURE 所扮演的角色是一个典型的第四方物流服务商，它为客户提供供应链解决和实施方案，为客户规划业务流程和系统配置，同时为客户寻找第三方物流公司。

根据案例提供的信息，请回答以下问题：

1. ACCENTURE 为 COMPAQ 提供了何种类型的第四方物流服务？

2. ACCENTURE 与泰晤士水务的合作属于第四方物流运营

的何种模式?

3. 物流招标一般包括哪些步骤?对招标方和投标方而言,哪些环节是比较关键的?为什么?

4. 物流提案即物流投标书是否是最终的物流服务方案?为什么?

案例3:美的公司物流完善之路的启示

一、案例背景

从20世纪90年代末期开始的家电行业价格战,一方面把家电这一原来百姓眼中的"几大件"变成了普及的物品;另一方面此起彼伏的价格战也把整个行业拖进了深渊。成本的过快增长在相当程度上抵消了销售额的增长,直接成为利润下降的罪魁祸首。以2000年为例,空调大战导致美的公司主营业务利润从上一年同期的22.19%降至17.89%。彩电大战使行业老大、老二绩优不保,四川长虹、深康佳净利润分别下降40.69%及40.53%,毛利率分别降至17.34%及17.28%。深康佳甚至出现了大额的亏损。

在这种情况下,各家电企业纷纷采取措施进行自救。由于能够大幅减低成本,物流成为了很多家电企业的"救命稻草"。其中比较典型的有两种类型。一种是以海尔公司为代表的通过成立物流本部,进行事业部层面的供应链整合,来提高物流效率。而另一种就是以美的为代表的通过第三方物流的专业化管理来降低物流成本。

供应链上物流的速度以及成本一直是令中国企业苦恼的老大难问题,据统计,中国制造企业有90%的时间花费在物流上,只有10%用于制造;中国企业物流仓储成本占据了总销售成本的30%~40%。中国企业本来在基于产品创新的超额赢利方面较之发达国家企业就不占优,而供应链上的支出又使得原本不丰厚的利润变得更加微薄。

中国有其特定的历史国情,较为落后的基础设施、不成熟的3PL能力、地方保护主义、不稳定且不严格执行的法律都给中国企业供应链体系的成熟与完善设置了障碍。

二、美的公司物流完善历程：五年三大步

在上市以后，美的公司为了既可满足消费者对产品越来越苛刻的差异化需求和愿意支付的价格，又可确立在接近饱和的中国家电业生存空间中的独特地位，在管理层融资收购改革（MBO）的同时，用五年的时间进行了一场“低成本差异一体化”的物流完善之路，就是通过不断完善的物流设计保证公司总成本领先，又能实行适度差异化。根据PMG供应链成熟度模型的划分，我们可以把美的公司的物流完善之路划分为三层：“I级：通过物流中心内部整合”；“II级：通过安得物流进行外部整合”；“III级：信息化上马完善整条供应链”。

首先，美的集团进行改组，使用“事业部制”和分级法人提高反应速度。各“事业部”均通过相对独立的后勤体系来覆盖市场。

1．虚拟物流中心（1998—1999）

空调、风扇这样季节性强的产品，断货或者压货是常有的事。各事业部的上千个型号的产品，分散在全国各地的100多个仓库里，有时一个仓库甚至就是只存两三种商品的“窗口”，光是调来调去就是一笔巨大的开支。而且因为信息传导渠道不畅，传导链条过长，市场信息又常常误导工厂的生产，造成生产过量或紧缺。

为减少无效物流，在保证事业部销售的前提下，美的在1998—1999年走出了物流完善的第一步：开始建立“内部虚拟物流中心”，通过物流中心内部整合资源。初步改善整合现物流环节中不合理方面，并为长期物流发展做准备。内部虚拟物流中心以满足事业部所有日常销售的仓储运输要求为最高目标。

内部虚拟物流中心以各事业部原有物流人员与操作流程为基础，并分别运作以保证与现在工作的连续性。物流中心的组织定位是行政上隶属集团，业务上服务于事业部。

虚拟物流中心的主要工作：

●仓储整合。开始进行本部和外部仓库的全面整合，并合理设计全国的仓储网络。

●与第三方物流公司的集中业务联系。在不改变刚签订的物流合同的情况下，统一开展与第三方物流公司的业务，实现统一标准管理。

●物流业务流程及规范的标准化。包括制定流程、规章、职责等。

值得注意的是，在这一阶段，内部虚拟物流中心对仓库管理进行全面的整合，包括统一租赁、管理、监控等。并且在不具备整合的 IT 系统支持下（此时 ORAGLE 系统正在上马），各事业部物流人员仍按照原有流程执行发货运输。发货计划也暂时没有整合。

2. 神来之笔般的安得物流（2000—2001）

在美的重整供应链的一系列“润物细无声”的动作中，安得物流公司的成立，是尤其令人侧目的一个亮点。2000 年美的通过建立自己的第三方物流公司—安得物流，不仅解决了别的企业为之头痛的物流成本居高不下的问题，还造就了一个新的利润增长点。

安得物流公司的主要业务是建立自己的平台，包括仓储平台和网络平台。美的把各个事业部原先分散的仓储资源整合起来交给安得，使安得在全国建立了比较健全的仓储网络。信息技术平台在 8 月份也可以试运行。安得还掌管家电事业部的全部运输业务和空调事业部 1/3 的运输业务。

安得的出现使得美的公司总部的物流工作量大量减少，工作趋向监督、管理。美的公司总部的工作就变为了整合、招标：

●物流的全面整合集成化。包括发货运输计划整合和仓储整合。

●集中招标管理第三方物流公司。对物流公司进行统一招标管理、评估及合同签订。

●集成的 IT 系统实施应用。IT 系统支持事业部各自的库存补货计划自动化，并根据不同的发货计划制定运输计划。

安得的出现还使美的公司根据安得的价格，可以去压外面运输公司的价，使得运输费削减了10%以上，一年下来可以节省几百万元。

同时，服务水平也提高了。家庭电器事业部的仓储业务以前也是外包，现在2000多万台产品的运输、仓储全部交给安得，安得24小时发货，做到货物先进先出，减少积压折价的压力，还实现电脑管理、信息反馈，这些是以前没法做到的。美的以前的装车时间需要60分钟，现在加快到每20分钟装一车，以前上午10点前能发车的很少，现在早上8点半就可以大批发车了。

由于储运资源的整合，在物流公司投入运作的半年内，美的各事业部运输成本平均下降了10%，全集团的仓储成本也下降了10%。

但是由于历史原因，有些运输公司与销售客户有着捆绑的关系，安得还不能把整个美的集团的储运业务全部整合，因此对运输的管理还不到位。在这个阶段，美的一般采取招标的形式来选择物流服务商，安得也是竞标方之一。

第三方物流公司的招标由总部和事业部共同完成，并按照公开、公平、高效的原则执行，物流公司招标每年定期举行一次。招标小组包括三个事业部的代表，共同起草竞标要求，同时接受应标书，并按另行制定的严格评估标准进行审评。

3. 开创时代的第四方物流（2002年以来）

2002年11月1日，美的企业集团旗下的威尚科技产业发展集团布下了其物流战略至关重要的一子，该集团旗下的安得物流公司在广州正式成立“安得供应链技术有限公司”。这家注册资金仅为160万人民币的新公司一亮相，就在华南物流界引起强烈反响。其业务定位在“为客户提供高端服务”的“第四方物流”——这在国内物流业尚属首次。

国内第四方物流还处在摸索阶段，供应链和物流大家都在谈，但核心的一点就是技术。“病人找医生看病，医生开了处方，然后病人拿着处方去药店抓药——第三方物流是药店，而供应链公司就是开处方的医生。”

第四方物流公司本身可能，或者说现在只是个概念。但这是一个信号，标志着美的公司将以高效高质，低成本和先进的信息技术支持提供全方位最佳的客户物流服务（当然，美的公司自己可以先享用信息+物流的好处）。

从2002年中期起，安得物流公司开始利用自主开发的信息系统，使美的集团在全国范围内实现了产销信息的共享。有了信息平台做保障，美的原有的100多个仓库精简为8个区域仓，在8小时可以运到的地方，全靠配送。这样一来美的集团流通环节的成本降低了15%~20%。

同时从市场第一线到工厂生产的信息传递链条大大缩短，各事业部更有效地实现了订单生产，减少了生产环节不必要的浪费——靠制造环节降低成本，以物流增加收入，是分享第三利润源的共赢过程。

围绕效益这个考核的第一标准，美的展开了名为“供应链整合”的管理创新活动。各事业部内采用“成本倒逼法”，从产品最后的售价，推导出各环节的造价。在原材料采购环节，通过网上公开招标投标，杜绝了暗箱操作带来的成本黑洞；在制造环节，进行技术改造，增加合格率，降低消耗。降低成本往往在设计环节就开始了。

在这个阶段，美的公司总部的主要工作集中在规划和整合方面。将仓库管理、运输管理及具体运作全权下放到少数几个优秀的第三方物流公司管理，美的公司总部只负责日常的协调监督和以下几方面的工作。

先进的物流规划——针对物流和零售发展趋势，如电子商务、现代零售业态的飞速发展等，探讨实践应对策略和方案，包括：物流规范及流程改进；物流趋势分析；物流管理信息化、网络化；电子商务等的策划与实施；集团IT系统发展——在物流完善的情况下，依重要次序，开始相关环节的供应链整合，如计划预测衔接、客户服务衔接等。

三、物流改进方案比较

随着沃尔玛15亿美元卖出自己的配送企业，国内对如何完善物流的争论越来越激烈。是将事业部进行层面的供应链整合，还是进行集团层面的物流整合呢?

事业部层面进行供应链整合的代表是海尔，即成立物流推进部，内分仓储、采购、运输三大部分，把海尔内部的物流进行全面整合，平台搭建好了后再外包给社会上的第三方物流公司，这样做比较平稳。

集团层面进行物流整合的代表是美的，先让各事业部的物流业务各自社会化，再由第三方物流公司进行整合，安得正是充当了这个角色。

那么到底哪个途径的物流更完善呢?

(一) 事业部层面的供应链整合

●前提条件。新产品开发、采购、订单处理、生产、物流、计划预测、营销和客户服务等各部门功能运作正常，管理水平较高，各部门单独提高、改善的空间小。以上的完整供应链由一个实体（公司或事业部等）管理，可以行使权力并承担责任。

●整合内容。新产品开发流程拓展；考虑到供应链中下游的生产、销售、客户等需要；采购模式考虑到产品开发及生产的需求，并进行定期评估；订单信息自动更新，可作为计划预测的依据；生产计划、销售计划、仓储计划、运输计划等高度集成；对物流配送环节的特别改进着重于用最低成本在合适时间到达合适地点；销售预测综合考虑客户库存、促销活动、市场情况等以不断提高准确性。

●整合结果。高效运作的事业部；更低的成本；更好的客户服务；紧密合作、高度协调的实体。

●优点。整个供应链的全面整合是管理运作的一个飞跃；进一步完善已成功运行的事业部体制，支持事业部的活力和积极性；供应链由上至下的整合，形成产、供、销一体化，将会对企业现在薄弱的计划预测环节提供最大的帮助。

●缺点。供应链整合要在三个事业部重复进行，设计、培训、实施、投资等较大；事业部供应链的各环节还都在管理上有很多单独提高、改进的机会，基础较薄弱；整个供应链的整合需要较高的管理实施水平和良好的跨部门协作。

（二）集团层面的物流整合

在集团层面的整合专注于物流方面的改进，以规模优势取得低成本，高效率的客户服务水平。

●前提条件。供应链各环节迫切需要进行物流改进；仓储运输作为后勤服务可以在集团层面上统一规划执行，并且有助于直接提高客户服务质量。

●整合内容。统一各事业部在本部和外部的仓储管理；集中安排各事业部的运输；对第三方物流公司进行集中、公开、高效地招标。

●整合结果。以规模优势赢得更低的物流成本；合理的仓储安排进一步提高客户服务水平；在统一规范的物流管理和评估标准、物流远景规划、专业物流人才培养上倾注更多精力；脱离了繁琐后勤事物的营销公司可以更专注于市场开拓。

●优点。专注于物流问题的解决，而不是过早跳跃到整个供应链的整合上；合理发挥规模优势；显著加强物流职能；除日常仓储运输外，专职人员关注物流发展趋势，不断提高运作水平，完善信息系统支持，并提供物流培训。

●缺点。事业部有可能误解为权力被削弱，在感情和观念上需要时间来接受这种整合方法；整个供应链的全面整合，如产供销一体化，在事业部内仍可以独立有效地进行；对事业部与物流中心的衔接合作要求较高。

根据案例提供的信息，请回答以下问题：

1．低成本战略与差异化战略有矛盾吗？美的公司是怎样实施“低成本差异一体化”战略的？

2．为什么说物流成为了很多家电企业的“救命稻草”？

3．美的公司的物流完善之路经历了哪几个阶段？每一阶段分别进行了哪些变革？

4.“安得供应链技术有限公司”是怎样提供“第四方物流”服务的？

5. 为什么说“成本倒逼法”是成本控制的有效手段？

6. 美的公司的分销渠道进行了怎样的变革？

7. 海尔与美的这两家公司的物流管理有什么不同？各有何优劣？

8. 海尔与美的这两家公司的管理模式，你认为哪一家更优？为什么？

9. 请评价案例中作者对这两种管理模式优缺点的评价。

参考答案

第一单元　物流概述

一、判断正误

1. 正　2. 误　3. 误　4. 误　5. 误　6. 正　7. 正　8. 正　9. 误　10. 正

二、单项选择

1－5　CCCCC

三、多项选择

1. CDE　2. ABCDE　3. BC　4. ABCDE　5. ABCDE

第二单元　现代包装与集装单元化技术

一、判断正误

1. 误　2. 误　3. 正　4. 正　5. 正　6. 误　7. 误　8. 正　9. 误　10. 正

二、单项选择

1－5　CDADC

三、多项选择

1. ABCD　2. AE　3. ABCDE　4. ABCDE　5. ABCDE

第三单元　储存保管

一、判断正误

1. 误　2. 误　3. 误　4. 误　5. 正　6. 误　7. 正　8. 误　9. 正　10. 误

二、单项选择

1－5　CCBAA　　6－10　AAACD

第四单元　运输与配送

一、判断正误

1. 正　2. 正　3. 误　4. 正　5. 正　6. 正　7. 正　8. 误　9. 正　10. 误

二、单项选择

1－5　BCBAD　　6－10　CDAAB

三、多项选择

1. AD　2. ABE　3. ABDE　4. ACD　5. ABC

第五单元　装卸搬运

一、判断正误

1. 正　2. 正　3. 误　4. 误　5. 正　6. 正　7. 误　8. 正　9. 误　10. 误

二、单项选择

1－5　DDCDA　　6－10　CBCCA

三、多项选择

1. ABCDE　2. ABC　3. ABC　4. BC　5. ABD

第六单元　流通加工

一、判断正误

1. 误　2. 误　3. 误　4. 正　5. 正

二、单项选择

1－5　ADACB　　6－10　BADCB

第七单元　物流信息

一、判断正误

1. 正　2. 正　3. 误　4. 正　5. 误　6. 正　7. 正　8. 误　9. 正　10. 正

二、单项选择

1－5　ACBCC　　6－10　DBAAA　　11－15　ADBCC

第八单元　物流系统

一、判断正误

1. 误　2. 误　3. 正　4. 正　5. 误　6. 误　7. 误　8. 误　9. 正　10. 正

二、单项选择

1－5　AABCD　　6－10　CCBBA

第九单元　企业物流

一、判断正误

1. 误　2. 误　3. 正　4. 误　5. 误　6. 误　7. 正　8. 正　9. 误　10. 误

二、单项选择

1－5　BCAAB　　6－10　ABCCB　　11－15　DBCCC

16－20　DBDBD

第十单元　第三方物流

一、判断正误

1. 正　2. 正　3. 误　4. 误　5. 正　6. 正　7. 误　8. 误　9. 误　10. 正

二、单项选择

1－5　CABAA　　6－10　CACBA

第十一单元　物流组织与管理

一、判断正误

1. 误　2. 正　3. 误　4. 误　5. 误　6. 误　7. 正　8. 正　9. 正　10. 误　11. 正　12. 正　13. 误　14. 误　15. 误　16. 误　17. 正　18. 正　19. 正　20. 误

二、单项选择

1－5　CAACD　　6－10　DADAB

第十二单元　物流中心与物流园区

一、判断正误

1. 正　2. 正　3. 误　4. 正　5. 正　6. 正　7. 误　8. 正　9. 正　10. 正

二、单项选择

1－5　CAACD　　6－10　CBBAA

三、多项选择

1. BD　2. BCD　3. CE　4. CDE　5. ABCDE

第十三单元　国际物流

一、判断正误

1. 正　2. 正　3. 正　4. 正　5. 正　6. 误　7. 误　8. 误　9. 误　10. 误

二、多项选择

1. ABCDE　2. ABCDE　3. ABCD　4. ABCDE　5. ABCDE

第十四单元　供应链管理

一、判断正误

1. 误　2. 误　3. 误　4. 误　5. 正　6. 误　7. 正　8. 误　9. 误　10. 误

二、单项选择

1－5　ADADC　　6－10　CDABA

参考文献

[1] 傅莉萍. 现代物流概论 [M]. 北京：北京大学出版社，2009.

[2] 曾剑. 物流管理基础 [M]. 修订2版. 北京：机械工业出版社，2007.

[3] 王转，张庆华，鲍新中. 物流学 [M]. 北京：中国物资出版社，2006.

[4] 曹前锋. 物流管理案例与实训 [M]. 修订2版. 北京：机械工业出版社，2005.

[5] 赵杨. 美的公司物流完善之路的启示 [J]. 物流，2002 (2).